• Des ressources complémentaires à ton manuel

Télécharge gratuitement les fiches lexicales correspondant à chaque unité de ton manuel et tous les documents audio ci-dessous !

1. Endlich Freizeit!

	MP3
p. 21 **Aussprachetraining A** Les noms composés	1
p. 21 **Aussprachetraining B** Ä / Ö / Ü	2
p. 21 **Aussprachetraining C** La prosodie	3
Cahier d'activités	
p. 14 **Ich bin Deutschprofi!**	4

2. Klein, aber oho!

	MP3
p. 37 **Aussprachetraining A** CH / SCH	5
p. 37 **Aussprachetraining B** Les mots transparents	6
p. 37 **Aussprachetraining C** -E en fin de mot	7
p. 37 **Aussprachetraining D** Les verbes à préverbe séparable	8
Cahier d'activités	
p. 26 **Ich bin Deutschprofi!**	9

3. Das Herz Deutschlands?

	MP3
p. 53 **Aussprachetraining A** EI / IE	10
p. 53 **Aussprachetraining B** W / V / F	11
Cahier d'activités	
p. 38 **Ich bin Deutschprofi!**	12

4. Fantasiewelten ...

	MP3
p. 65 **Aussprachetraining A / B** -B et -D en fin de mot	13
p. 65 **Aussprachetraining C** Les voyelles courtes et longues	14
Cahier d'activités	
p. 50 **Ich bin Deutschprofi!**	15

5. Typisch deutsch?

	MP3
p. 85 **Aussprachetraining A** O / AU	16
p. 85 **Aussprachetraining B** AU / EU / ÄU	17
p. 85 **Aussprachetraining C** EI / IE	18
Cahier d'activités	
p. 62 **Ich bin Deutschprofi!**	19

6. Als ich ein kleiner Junge war

	MP3
p. 97 **Aussprachetraining A** Les noms composés	20
p. 97 **Aussprachetraining B** CH / SCH	21
Cahier d'activités	
p. 74 **Ich bin Deutschprofi!**	22

FANTASTISCH!

Apprendre l'allemand, c'est fantastique !

NOUVEAUX PROGRAMMES 2016

Allemand 4e année A2 B1

Sous la direction de :
Jocelyne Maccarini
IA-IPR
Académie de Nancy-Metz

Nolwenn Hass
Professeure agrégée et formatrice
Collège Jacques-Yves Cousteau (57)

Émilie Pradels
Professeure certifiée
TZR Académie de Nancy-Metz

Sébastien Leitner
Professeur agrégé et formateur
Collège Paul Verlaine (57)

Sandrine Quenet
Professeure agrégée et formatrice
INSPÉ de Lorraine (57)

Séverine Schlernitzauer
Professeure certifiée et formatrice
Collège Jean Moulin (57)

Éditions maison des langues

Coordination pédagogique et éditoriale
Anja Burkhardt

Édition
Anja Burkhardt, Barbara Ceruti, Bettina Melchers

Conception graphique
Laurianne Lopez

Mise en page
Emma Camacho, Nèlia Creixell

Couverture
Oscar García Ortega, Luis Luján

Iconographie et droits
Anja Burkhardt

Illustrations
Olga Carmona Peral

Relecture et correction
Astrid Rogge

Cartographie
Éditions Maison des Langues

Remerciements
Nous tenons à remercier toutes les personnes qui ont contribué par leurs conseils et révisions à la réalisation de ce manuel, notamment Florence Pitti, Ainara Munt Ojanguren et Marta Cárdenas.

ISBN : 978-2-35685-515-2

Avant-propos

Bienvenue dans FANTASTISCH! 4e année !

Chères et chers élèves,

Que de chemin parcouru depuis vos débuts ! Vous êtes désormais en mesure de tenir une courte conversation, et même de débattre ou de prendre la parole en public pour partager avec d'autres ce que vous avez appris. Vous disposez d'un répertoire de mots important et de bases grammaticales solides. Enfin, vous avez découvert de très nombreux aspects de la **culture germanophone** par le biais des thématiques abordées les années précédentes.

Il vous reste à présent un cap à franchir pour **utiliser la langue allemande de façon vraiment autonome** avant votre entrée au lycée. Grâce à **FANTASTISCH! 4e année**, **vous parviendrez aisément au niveau B1 attendu en fin de 3e** dans plusieurs activités langagières. Vous serez à l'aise pour comprendre et pour parler de tout, et vous échangerez avec plaisir en plus d'une occasion : lors de vos séjours outre-Rhin ou des rencontres avec vos correspondants, ou encore quand il s'agira, par exemple, de vous exprimer sur un blog.

Les thématiques des six unités de votre manuel invitent à la réflexion et à la prise de parole. Les problématiques proposées (*La Suisse, un petit pays ? L'Allemagne, pays des diversités ? Dans quelle mesure une petite ville, telle Weimar, peut-elle être emblématique de l'histoire de son pays ?* Etc.) s'inscrivent dans les **quatre notions culturelles du programme du cycle 4** : *Langages, École et société, Voyages et migrations* et *Rencontres avec d'autres cultures*.

Les **documents** par le biais desquels vous aborderez ces notions – textes, graphiques, articles de journaux, illustrations ou photos, enregistrements audio et vidéo – n'ont pas été élaborés pour de jeunes élèves français mais **s'adressent à des personnes germanophones** de tous âges. Vous serez fiers / fières de les comprendre grâce aux **stratégies proposées.**

Ne craignez ni les erreurs, ni les difficultés, qui sont toujours surmontables. Tout est à votre portée : comprendre, discourir, dialoguer, médier, créer... Racontez, échangez, donnez votre avis, argumentez, échangez ! Enchaînez les phrases sans crainte de vous tromper, lisez des textes longs même si vous ne comprenez pas tout. **Comparez les langues** que vous connaissez, les mots, les grammaires et même les cultures. Vivez pleinement l'aventure de la langue !

Cette aventure, l'équipe de FANTASTISCH! espère vous la faire vivre avec plaisir, en stimulant votre enthousiasme au fil des nombreuses découvertes et surprises qu'elle vous réserve.

Fertig? Na, dann los!

Jocelyne Maccarini
IA-IPR d'allemand
Académie de Nancy-Metz

Sommaire

Objectifs communicationnels et grammaticaux	Objectifs lexicaux et phonologiques	Objectifs culturels
Schritt 1: Endlich Wochenende ... • Parler de ses goûts en matière de jeux et de séries télévisées • Comparer les séries télévisées françaises que l'on connaît avec la série allemande culte *Tatort* **Schritt 2: Vereinsmeier?** • Rassembler des informations sur les clubs et rendre compte de ce que l'on a appris • Mobiliser ses connaissances pour expliquer l'importance de l'engagement en Allemagne **Schritt 3: Raus aus dem Haus!** • Expliquer pourquoi on aime un festival • Comparer la tradition du barbecue en Allemagne et en France • L'adjectif épithète au superlatif • Le groupe infinitif complément de but avec **um ... zu ...** et la question avec **wozu**? • L'interrogatif **was für**? • La forme impersonnelle avec **wird**	• Einen Spieleabend veranstalten • Einen Krimi sehen • In einen Verein gehen • Auf ein Volksfest gehen • Zusammen grillen **Aussprachetraining** • Les noms composés • Ä / Ö / Ü • La prosodie 	**Langages** • Une série culte : *Tatort* **Rencontres avec d'autres cultures** • Les clubs, éléments incontournables de la société allemande • Les fêtes populaires et les festivals, une partie du patrimoine culturel allemand • Le barbecue, un sport national **Deutsch macht Spaß!** • Kurzgeschichte: *Diebstahl am Grillabend*, Leonhard Thoma • Cartoon: *1000. Tatort*, Markus Grolik • Cartoon: *Krimi geht los*, Leichnam
Schritt 1: Ein „reiches" Land • Transmettre des informations sur la Suisse • Échanger sur les langues parlées chez soi **Schritt 2: Pioniergeist** • Transmettre des informations sur des inventions suisses utilisées au quotidien • Échanger sur les informations recueillies dans un article de presse **Schritt 3: Schwyzer Kunst** • Expliquer les impressions et opinions suscitées par une œuvre d'art • Justifier le choix d'un/e artiste • Exprimer les pourcentages (le génitif) • Exprimer la conséquence avec **darum**, **deshalb** et **deswegen** • Le pronom relatif au nominatif et à l'accusatif • Les adjectifs invariables en **-er**	• Ein bisschen Erdkunde • Mehrsprachigkeit • Produkte und Erfindungen • Über Kunst sprechen **Aussprachetraining** • CH / SCH • Les mots transparents • -E en fin de mot • Les verbes à préverbe séparable 	**Langages** • L'art et l'innovation en Suisse : quelques exemples dans le domaine de la peinture et de la sculpture **École et société** • La diversité linguistique en Suisse et le dialecte suisse-allemand **Rencontres avec d'autres cultures** • La Suisse, pays de montagnes et de lacs • Les inventions et les innovations suisses **Deutsch macht Spaß!** • Video: *Grüezi mitenand! Top 15 Fakten über die Schweiz*, DuO TV
Schritt 1: Weimarer Klassik • Rassembler des informations sur un personnage et rendre compte de ce que l'on a appris • Échanger sur l'importance de Schiller et Goethe pour la vie culturelle allemande **Schritt 2: Weimar als Versuchslabor** • Échanger sur les impressions suscitées par une image • Rendre compte d'un résultat de recherche sur Internet **Schritt 3: Weimar zwischen gestern und heute** • Parler de ce que l'on pense d'un nouveau quartier de musées • Expliquer pourquoi on aimerait vivre à Weimar ou pas • Le prétérit • Exprimer l'opposition avec **während** • Dater un événement • Exprimer la concession avec **zwar ..., aber ...**	• Die Weimarer Klassik • Die Weimarer Republik • Das Bauhaus • Weimar zwischen gestern und heute **Aussprachetraining** • EI / IE • W / V / F 	**Langages** • Anna Amalia et le classicisme de Weimar • Wolfgang von Goethe et Friedrich von Schiller : une amitié littéraire • L'art et l'architecture du *Bauhaus* **Rencontres avec d'autres cultures** • La république de Weimar, la première démocratie allemande **Voyages et migrations** • Weimar : hier et aujourd'hui **Deutsch macht Spaß!** • Gedicht: *Der Handschuh*, Friedrich von Schiller • Illustration: *Der Handschuh*, W. Jury

Sommaire

Objectifs communicationnels et grammaticaux | Objectifs lexicaux et phonologiques | Objectifs culturels

Objectifs communicationnels et grammaticaux

Schritt 1: Die Natur als Inspiration
- Échanger sur les personnages typiques des contes de fées allemands
- Parler de l'importance de la nature dans l'imaginaire germanophone

Schritt 2: Bücher öffnen Welten
- Rédiger la suite d'une histoire
- Expliquer quel livre on aimerait lire et pourquoi

Schritt 3: Fantasie und Kreation
- Parler de ses livres préférés
- Rendre compte de la source d'inspiration d'une auteure

- Exprimer la conséquence avec **so ..., dass ...**
- Exprimer la cause avec **da**
- La relative introduite par **wer**
- Exprimer les temps avec **wenn**
- L'interrogative indirecte avec les **W-Fragen** et **ob**

Objectifs lexicaux et phonologiques

- Märchen, Sagen und Legenden
- Leseleidenschaft
- Fantasie und Kreation

Aussprachetraining
- -B et -D en fin de mot
- Les voyelles courtes et longues

Objectifs culturels

Langages
- La nature dans les contes et légendes germanophones

Voyages et migrations
- Voyager grâce à l'imaginaire selon l'auteure Cornelia Funke

École et societé
- Un concours d'écriture pour encourager la créativité des jeunes Allemands : *Jugend creativ*

Deutsch macht Spaß!
- Kreative Schreibwerkstatt: *Schreib! Schreib! Schreib!*

Objectifs communicationnels et grammaticaux

Schritt 1: Trautes Heim ...
- Échanger sur les différences entre l'Allemagne et la France en matière d'habitation
- Échanger sur les avantages d'une *WG*

Schritt 2: Lecker, oder?
- Faire un bilan de ses connaissances sur la gastronomie allemande
- Décrire et commenter une affiche

Schritt 3: Jede Menge Bewegung
- Commenter un graphique sur la mobilité en Allemagne
- Parler de l'importance de la randonnée pour les Allemands

- Le groupe infinitif complément avec **zu**
- Exprimer le souhait avec le subjonctif II
- Adjectif attribut / adjectif épithète
- Les pronoms relatifs **wer, was, wo**

Objectifs lexicaux et phonologiques

- Ein gemütliches Zuhause
- Zusammen wohnen
- Essgewohnheiten
- Unterwegs sein

Aussprachetraining
- O / AU
- AU / EU / ÄU
- EI / IE

Objectifs culturels

Langages
- La diversité au centre d'un projet photographique

Rencontres avec d'autres cultures
- La diversité de la société allemande reflétée dans son mode de vie (logement, transport, alimentation)

Deutsch macht Spaß!
- Ausstellung: *Heimat. Deutschland – Deine Gesichter. Ein Projekt von Carsten Sander*

Objectifs communicationnels et grammaticaux

Schritt 1: Ein Kind des 20. Jahrhunderts
- Rassembler des informations sur un écrivain et rendre compte de son importance aujourd'hui

Schritt 2: Kindheitserinnerungen
- Transmettre le contenu d'un extrait littéraire

Schritt 3: Kästners Dresden
- Rendre compte des émotions d'un auteur après avoir lu un texte
- Parler des différences entre une ville autrefois et aujourd'hui

- Le prétérit des verbes de modalité
- Exprimer le temps avec **als**
- Situer dans le temps avec **damals / früher / heute / heutzutage**
- La voix passive au prétérit

Objectifs lexicaux et phonologiques

- Bestsellerautor
- Rund ums Buch
- Kindheitserinnerungen
- Eine Stadt mit Geschichte

Aussprachetraining
- Les noms composés
- CH / SCH

Objectifs culturels

Langages
- L'œuvre d'Erich Kästner dans les livres et les films

Voyages et migrations
- Voyage dans le passé d'une ville : Dresde avant et après 1945

Deutsch macht Spaß!
- Gedicht: *Das verhexte Telefon*, Erich Kästner

---

1 Endlich Freizeit!

Dans quelle mesure les loisirs créent-ils du lien social en Allemagne ?

C

Der Biergarten: ein beliebter Treffpunkt für Freunde und Familie

A

Sommerzeit ist Festivalzeit!

D

Eine schöne alte Tradition: Kaffee und Kuchen

B

Der Sportverein: beliebt bei Jung und Alt

Schritt 1
Endlich Wochenende …

Zwischenstopp 1
Spiele- oder „Tatort"-Abend?

Schritt 2
Vereinsmeier?

Zwischenstopp 2
Geh doch in einen Verein!

Schritt 3
Raus aus dem Haus!

Unser Projekt
Das vereint die Menschen in Deutschland

E

Grillen: ein absolutes Muss

G

Tradition am Sonntagabend: gemeinsam „Tatort“ sehen

F

Gesellschaftsspiele: von wegen altmodisch!

Prof. 01

A. **Sieh dir die Fotos an und hör zu. Ordne jedem Dialog ein Bild zu.**

B. **Was haben all diese beliebten deutschen Aktivitäten deiner Meinung nach gemeinsam? Tauscht euch in der Klasse aus.**

➡ Arbeitsheft S. 4

Zwischenstopp 1
Spiele- oder „Tatort“-Abend?

1. Deutschland, Land der Spiele

➡ Arbeitsheft S. 4

A. Lies den Artikel. Warum kann man sagen, dass Deutschland ein „Land der Spiele“ ist? Begründe deine Antwort mit Daten aus dem Text.

Die Spielemesse in Essen feiert neue Rekorde. Gesellschaftsspiele sind in Deutschland so verbreitet wie nirgendwo sonst.

900 Aussteller, 63 000 Quadratmeter Ausstellungsfläche, 160 000 Besucher – die „SPIEL'15“, besser bekannt unter dem Namen „Spieltage“, die aktuell in Essen läuft, erreicht 2015 Rekordzahlen.

Dass die größte Spielemesse der Welt in Deutschland stattfindet, hat seine Berechtigung: In keinem anderen Land der Welt ist die Tradition des Gesellschaftsspiels so fest verankert[1]. Umfragen zufolge spielen gut 39 Millionen Bundesbürger Gesellschaftsspiele, das ist jeder zweite. Ein toller Erfolg für die Branche [...].

Rund 1 300 Neuerscheinungen kommen jedes Jahr auf den Markt. [...] Die drei größten deutschen Spieleverlage sind Ravensburger, Kosmos und Schmidt. Es gibt rund 60 andere. Simple Spiele sind ab sieben Euro erhältlich, die komplexeren kosten gerne mal 40. Doch nicht einmal in der Finanzkrise ging die Nachfrage[2] zurück.

So sehr gehört das Gesellschaftsspiel für viele Deutsche zu einem gemütlichen Abend zu Hause dazu, dass der Kulturrat es Anfang des Jahres zum deutschen Kulturgut erklärt hat. [...] „Das Brettspiel funktioniert generationenübergreifend“, sagt Hutter. „Man kann zusammen sein und lachen.“ Der größere Konkurrent ist tatsächlich der Fernseher: „Guckt die Familie abends einen Film, oder setzt sie sich an den Tisch und spielt?“ [...]

Wer schon als Kind ans Brettspiel gewöhnt wird, sagt Hutter, bleibe oft ein Leben lang treu. [...] Spieleabende, sagt man in der Branche gern, sind das Grillen des Winters.

[1] **fest verankert** ancré/e
[2] **die Nachfrage** la demande

B. Lies den Text noch einmal und beantworte die folgenden Fragen.

a. Aus welchen Gründen gehören Gesellschaftsspiele zum deutschen Kulturgut?
b. Was ist der große Konkurrent zum Gesellschaftsspiel?

Einen Spieleabend veranstalten ➡ p. 18

Prof. 02

C. Mia und Leo waren auf der Spielemesse in Essen. Hör zu und beantworte die Fragen.

a. Wie finden Mia und Leo die Spielemesse?
b. Was haben sie auf der Spielemesse gemacht und gesehen?
c. Was sagen sie über das Spiel „Mensch ärgere Dich nicht“?

D. Und wie ist das in eurer Klasse? Was für Spiele gefallen euch? Mögt ihr auch Gesellschaftsspiele oder spielt ihr lieber Computerspiele? Warum?

Ich spiele gern / lieber ..., weil ...

2. Mythos „Tatort“ ➜ Arbeitsheft S. 5

Prof. 03

A. Hör dir das Gespräch zwischen Mesut und Tom an und beantworte die Fragen.

a. Worüber sprechen die beiden Jugendlichen?
b. Was erzählt Tom? Warum wundert sich Mesut?
c. Was charakterisiert eine „Tatort“-Folge?
d. Warum ist diese Serie in Deutschland Kult?

Einen Krimi sehen ➜ p. 18

L'adjectif épithète au superlatif ➜ p. 16

B. Zu zweit: Seht euch die Infografik zu „Tatort“ an. Sucht die Informationen in den Etiketten rechts. Welches „Ermittlerteam“ findet als erstes alle Antworten?

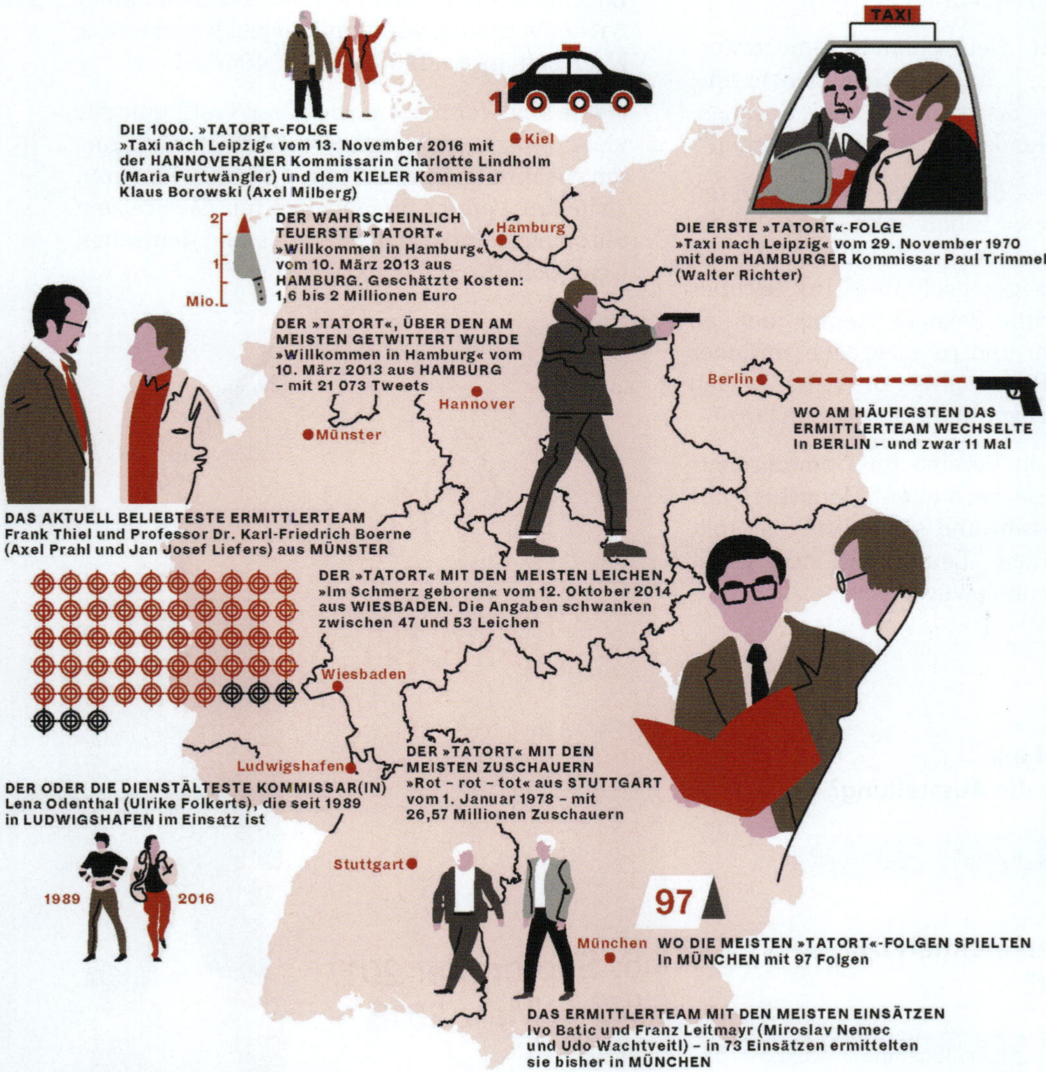

↑ © Laura Edelbacher, *ZEIT Magazin*, 2016

a. die erste Folge (Titel, Datum)

b. die Folge mit den meisten Leichen (Titel, Anzahl Leichen)

c. der Titel der Folge mit den meisten Zuschauern

d. die Stadt, wo die meisten Folgen spielen

e. der / die älteste Dienstkommissar/in

f. der Titel der tausendsten Folge

g. der Titel der teuersten Folge

h. das aktuell beliebteste Ermittlerteam

C. Welche Serien laufen in Frankreich im Fernsehen oder im Internet? Wie erfolgreich sind sie? Vergleiche mit „Tatort“.

Zwischenstopp 1 ➜ p. 22

Rollenspiel: Zwei Jugendliche diskutieren, was sie am Sonntagabend miteinander machen möchten.

Zwischenstopp 2
Geh doch in einen Verein!

1. Unsere Vereine ➡ Arbeitsheft S. 7

A. Lies den Text und beantworte die Fragen.

a. Wie viele Vereine gibt es in Deutschland?
b. Was für Vereinstypen gibt es?
c. Wozu gehen Leute in einen Verein?
d. Warum sind Vereine so wichtig?

PÉDAGOGIE DIFFÉRENCIÉE

Le groupe infinitif complément de but avec **um ... zu ...** et la question avec **wozu?** ➡ p. 16
L'interrogatif **was für?** ➡ p. 17

Vereine vereinen Menschen

Über 600 000 Vereine gibt es in Deutschland, mehr als irgendwo anders auf der Welt!

Vereine sind in Deutschland sehr unterschiedlich: Man findet Schützenvereine, Karnevalsvereine, Sportvereine oder Gesangsvereine. Doch woher kommt dieses Phänomen?

Das hat mit der deutschen Geschichte zu tun. Vereine gibt es schon sehr lange: Im 18. Jahrhundert versammeln sich die ersten Sprach- und Lesegesellschaften. Im Berliner „Montagsklub“ zum Beispiel treffen sich ab 1749 Schriftsteller und Intellektuelle, um über Literatur und Philosophie zu reden. Auch Gesangs- und Turnvereine gibt es schon lange.

Noch heute stehen Vereine für Gemeinschaft und Tradition. Sie verbinden Menschen mit ähnlichen Interessen und sind ein Treffpunkt für unterschiedliche Leute, die sich sonst vielleicht nicht kennen würden.

Ein Verein gibt Identität und ein Gefühl der Zugehörigkeit. Deshalb wurden sie auch immer wieder verboten, wie zum Beispiel während der Nazi-Zeit, in den 1930er und 1940er Jahren.

Heute sind Vereine ein wichtiger Treffpunkt für viele Menschen aus unterschiedlichen Kulturen, um zusammen Spaß zu haben oder um anderen zu helfen. Vereine dienen nicht nur der Freizeit: Sie spielen eine wichtige Rolle in der deutschen Gesellschaft.

B. Sieh dir das Plakat an. Was erfährst du über die Ausstellung?

a. Wo? | b. Wann? | c. Name? | d. Thema?

C. Welche Vereine repräsentiert der Mann auf dem Plakat?

a. den Karnevalsverein
b. den Fußballverein
c. den Traditionsverein
d. die Jugendfeuerwehr
e. den Schützenverein
f. den Turnverein

D. **Warum ist für die Stiftung Haus der Geschichte der BRD das Thema „Verein“ wohl so wichtig? Erkläre.**

In einen Verein gehen
➡ p. 18

E. **Und wie ist es in Frankreich? Tauscht euch aus.**

2. Ich bin dabei! ➡ Arbeitsheft S. 9

A. **Sieh dir die Reportage an und beantworte die folgenden Fragen.**

a. Was erfährst du über das Vereinsleben in Deutschland?
b. Welche Vereine sind am beliebtesten?

↑ *Nachgefragt: So denkt Deutschland* © RTL, 2017

B. **Sieh dir das Video ein zweites Mal an. Was ist für die Befragten am Vereinsleben wichtig?**

C. **Wie ist es in eurer Klasse? Macht eine kurze Umfrage zum Thema „Vereine“. Präsentiert dann das Ergebnis.**

In was für einen Verein ...?

Wozu geht man ...?

Wann ...?

Prof. 04

D. **Hör dir den Radiobeitrag an und mach dir Notizen zu den folgenden Fragen.**

a. Wo sind Jannis und Selina aktiv?
b. Was machen sie konkret?
c. Warum engagieren sie sich gern?

En Allemagne, les bénévoles tiennent une place essentielle dans le fonctionnement de la société. Plus de 40 % des Allemands sont ainsi membres d’organisations ou d’associations, ce qui représente 10 % de plus qu’il y a encore dix ans. Et en France, savez-vous quelle place occupe l’engagement bénévole ?

E. **Was hast du über die Bedeutung von Vereinen und Engagement in Deutschland erfahren? Warum ist sportliches und soziales Engagement so beliebt? Erkläre.**

Zwischenstopp 2 ➡ p. 22

Ich schreibe eine Mail an eine/n Freund/in, in der ich ihm / ihr vorschlage, in einen Verein zu gehen.

Unser Projekt
Das vereint die Menschen in Deutschland

1. Volksfeste: ein Kulturgut? → Arbeitsheft S. 10

A. Kennst du diese Volksfeste? Ordne jedem Foto eine Kurzbeschreibung zu.

1

2

3

a. Es ist das größte und vielleicht bekannteste Volksfest der Welt. Jedes Jahr kommen zwischen Ende September und Anfang Oktober mehr als fünf Millionen Besucher nach München, um zu feiern.

b. Mit diesem Fest feiert man jedes Jahr im Mai den Geburtstag des Hamburger Hafens. Mehr als eine Million Besucher kommen, um die Parade mit großen und kleinen, alten und neuen Segelschiffen und Wasserfahrzeugen zu sehen.

c. Seit 1529 findet das größte Schützenfest der Welt in Hannover statt. Zwischen Ende Juni und Anfang Juli kommen mehr als eine Million Menschen, um die Schützen zu bewundern und auf die Kirmes zu gehen.

Prof. 05

B. Hör dir nun das Interview an und beantworte die folgenden Fragen.

a. Wie viele Volksfeste gibt es in Deutschland?
b. Wie viele Menschen besuchen jedes Jahr diese Feste?
c. Warum haben Volksfeste einen solchen Erfolg?
d. Was haben diese Feste gemeinsam?
e. Inwiefern sind diese Feste für die deutsche Gesellschaft wichtig?

C. Lies die Einträge im Forum über Reiseziele in Deutschland. Über welche Events sprechen die Jugendlichen? Mach dir Notizen.

D. Auf welches Event möchtet ihr gern gehen? Warum? Tauscht euch aus.

Auf ein Volksfest gehen → p. 19

Lara Hallo! Ich komme bald nach Deutschland und werde ein ganzes Schuljahr bei Frankfurt leben. Ich liebe Festivals, Volksfeste und sonstige Events! Könnt ihr mir etwas empfehlen?

Jonas Also, wenn du Festivals magst, dann musst du unbedingt das Rock am Ring besuchen! Es ist das bekannteste Rockfestival in Deutschland. Seit 1985 findet es jedes Jahr im Juni am Nürburgring in der Eifel statt und es kommen immer mehr als 80 000 Besucher. Die Stimmung ist einfach gigantisch!

Anna Ich lebe in Wacken, im Norden Deutschlands, und hier findet jedes Jahr das größte Heavy-Metal-Festival der Welt statt: das Wacken Open Air. Fast 90 000 Besucher waren letztes Jahr wieder dabei! Es war wirklich einmalig. Für mich ist es DAS Event im Sommer.

Ahmed Ich besuche jeden Sommer meine Tante in Bregenz in Österreich und wir gehen dann immer zu den Bregenzer Festspielen. Sie sind weltberühmt und haben jedes Jahr ungefähr 250 000 Zuschauer! Ich bin kein großer Fan von Opern, aber eine Open-Air-Oper auf einem See ist echt beeindruckend. Aber du solltest dir schnell Karten besorgen: Die Karten werden nur bis April verkauft!

2. Volkssport Grillen → Arbeitsheft S. 12

Zusammen grillen → p. 19

La forme impersonnelle avec **wird** → p. 17

A. Lies den Text und finde die Antworten.

a. Was und wo wird in Deutschland gegrillt?
b. Wann und bei welchem Wetter wird gegrillt?
c. Was sind die Hauptgründe für das Grillen?

Tja, der Deutsche und sein Grill ... Das kommt einer Liebesgeschichte sehr nahe! Fleisch, Fisch, Gemüse, Brot oder Obst: Alles wird gegrillt. Ob im Garten, auf der Terrasse, auf dem Balkon bei Freunden oder auf Grillplätzen in Parks: Überall wird gegrillt.

Fast alle Deutschen besitzen einen Grill und sagen, dass sie gerne grillen. Einige geben an, dass sie zwischen Mai und September mindestens einmal pro Woche grillen. Grillen gehört in Deutschland einfach zum Sommer!

Hauptgrund für eine Grillparty: Freunde und Bekannte kommen zu Besuch oder es gibt einen besonderen Anlass wie einen Geburtstag. Es wird aber nicht nur im Sommer oder bei schönem Wetter gegrillt, sondern auch in den anderen Jahreszeiten und sogar bei schlechtem Wetter.

B. Bildet zwei Gruppen und bearbeitet je eine Karikatur: Worüber wird hier gelacht? Bestätigt die Zeichnung, was ihr im Text über das Grillen in Deutschland erfahren habt? Berichtet.

↑ © Stefan Roth / roth-cartoons.de

↑ © Oliver Wallbaum / www.illustratoon.de

C. Wie ist es in Frankreich? Ist Grillen auch ein Volkssport? Tauscht euch aus und geht auf die folgenden Punkte ein.

a. Wann? b. Wo? c. Wie oft?
d. Mit wem? e. Was? f. Warum?

Unser Projekt → p. 23

Zum Deutsch-Französischen Freundschaftstag erklären wir unseren Mitschülern / Mitschülerinnen, wie Freizeitbeschäftigungen die Deutschen vereinen.

Das brauchst du für dein Projekt!

1 L'adjectif épithète au superlatif

Die meisten „Tatort"-Folgen spielen in München.

Pour exprimer le plus haut degré d'une qualité, on emploie le superlatif.

Le superlatif de l'adjectif se forme à l'aide du suffixe **-st** placé directement devant la terminaison.

	nominatif	accusatif	
m	der ältes**te**	den ältes**ten**	Kommissar
n	das beliebtes**te**	das beliebtes**te**	Ermittlerteam
f	die teuers**te**	die teuers**te**	Folge
pl	die meis**ten**	die meis**ten**	Leichen

Pour les adjectifs se terminant par **-t**, **-d**, **-s** ou **-z**, on intercale un **-e-** « euphonique » devant le suffixe **-st**.

Comme au comparatif, la plupart des adjectifs d'une seule syllabe prennent l'inflexion et il y a quelques formes irrégulières.

alt → die **ä**lteste Dienstkommissarin

jung → der j**ü**ngste Kommissar

groß → die gr**ö**ßte Zuschauerzahl

hoch → das h**ö**chste Gebäude

gut → der **beste** Kommissar (am besten)

viel → die **meisten** Folgen (am meisten)

C'est comme en anglais :
der beste / älteste Kommissar
→ the best / oldest detective

Rappelle-toi !
Diese Serie finde ich am besten.
Le superlatif de l'adjectif attribut est une forme adverbiale, invariable.
Formation : **am** + adjectif + **-sten**.

2 Le groupe infinitif complément de but avec **um … zu …** et la question avec **wozu**?

Wozu gehen die Leute in einen Verein?
Sie gehen in den Verein, um Spaß zu haben.

Le groupe infinitif complément de but est introduit par **um** et est précédé d'une virgule.

1 A. Mesut berichtet
Mesut a vu *Tatort* et présente la série à sa famille. Complète les phrases à l'aide du superlatif de l'adjectif entre parenthèses.

1. „Tatort" ist die … **(beliebt)** deutsche Krimiserie.
2. Für viele ist der Sonntagabend der … **(gut)** Moment des Wochenendes.
3. Dieses Mal spielte die Folge in München: Da spielen die … **(viel)** Folgen.
4. Der Verdächtige war der … **(schrecklich)** Täter, den ich gesehen habe.
5. Aber der Kommissar war auch der … **(intelligent)** Polizist der Stadt und hat ihn festgenommen.
6. Es ist die … **(interessant)** deutsche Krimiserie, die ich kenne!

1 B. Wie finden Sie das?
Comment trouves-tu ces activités très prisées en Allemagne ? Rédige cinq phrases en employant le superlatif, comme dans l'exemple.

Kartenspiele sind für mich am langweiligsten. Volleyball ist …

Kartenspiele • Volleyball • Krimis • Brettspiele • Videospiele • Grillen mit der Familie

langweilig • cool • gut • spannend • interessant • lustig • anstrengend • nervig • stressig

2 A. Im Verein
Dans quel but ces jeunes sont-ils dans un club ? Imagine leurs réponses, comme dans l'exemple.

1. Sasha: Spaß haben
   Ich bin im Verein, um Spaß zu haben.
2. Tim: neue Leute kennenlernen
3. Lena: bei den Sommercamps mitmachen
4. Leo: nicht allein sein
5. Syrin: mit meinen Freunden etwas unternehmen
6. Max: aktiv sein

Zu se place directement devant le verbe à l'infinitif, situé en dernière position. Lorsqu'il s'agit d'un verbe à préverbe séparable, **zu** s'intercale entre le préverbe et le radical.

C'est comme **in order to** en anglais :
I play football in order to meet friends.
→ Ich spiele Fußball, um Freunde zu treffen.

Le groupe infinitif complément de but répond à la question **wozu?** (« dans quel but ? » / « à quelle fin ? » / « pour quoi faire ? »).

Le pronom interrogatif **wozu?** est proche du pronom **warum?** (« pourquoi ? ») : l'un questionne sur le but, l'autre sur la cause.

3 L'interrogatif **was für?**

Was für Vereinstypen gibt es in Deutschland?

Was für? est un article interrogatif (« quelle/s sorte/s de... »), obligatoirement suivi d'un groupe nominal indéfini.

Rappelle-toi !
Tu connais un autre déterminant interrogatif, **welch-?**, proche de **was für?**. Mais attention, ces deux interrogatifs sont à différencier.

Was für? questionne sur une catégorie (quelle/s sorte/s de...) :

- In was für einem Verein bist du?
- Ich bin in einem Sportverein.

Welch-? questionne sur l'identité ou la qualité (que/le ?) :

- In welchem Sportverein bist du?
- Ich bin im Sportverein Schönhausen.

4 La forme impersonnelle avec **wird**

In Deutschland wird überall gegrillt.
Es wird nicht nur im Sommer gegrillt.

Lorsque l'on souhaite porter l'attention sur l'action elle-même plutôt que sur son auteur, on peut employer une forme impersonnelle, appelée aussi « passif impersonnel », en raison de l'emploi de l'auxiliaire **werden** et du participe II, qui caractérise la voix passive.

C'est une forme sans sujet, spécifique à l'allemand et très utilisée. En français, on la traduit par « on ».

En l'absence d'élément devant **wird**, on utilise en début de phrase le pronom **es**, qui tient alors lieu de sujet grammatical.

2 B. Wozu tun sie das?
Trouve les questions correspondantes.

1. Viele Deutsche gehen in Vereine, um Stress abzubauen. Wozu ...?
2. Die Leute sehen „Tatort" am Sonntagabend, um sich zu entspannen.
3. Viele Deutsche engagieren sich ehrenamtlich, um anderen zu helfen.
4. Viele Leute spielen Gesellschaftsspiele, um Zeit miteinander zu verbringen.
5. Viele Kneipen zeigen am Sonntagabend die „Tatort"-Folge, um Jung und Alt zu vereinen.
6. Die Leute gehen in den Sportverein, um Sport zu treiben und zusammen Spaß zu haben.

3 Was für ...?
Complète, si nécessaire, par ein, eine, einen ou einem.

1. Was für ... Filme gefallen dir am besten?
2. In was für ... Film möchtest du gehen?
3. Was für ... Spiel möchtest du spielen?
4. Was für ... Spiele sind in Deutschland beliebt?
5. Was für ... Verein ist das?
6. Was für ... Freizeitaktivität magst du?
7. In was für ... Verein bist du aktiv?

4 A. Grillparty!
Sandra raconte l'importance du barbecue dans sa famille. Forme des phrases en employant la forme impersonnelle avec wird.

1. bei uns • oft grillen
   Bei uns wird ...
2. zu Hause • seit Generationen grillen
3. bei uns • bei jedem Wetter auf der Terrasse grillen
4. in der Familie • auch bei Familienfesten grillen
5. es • viel lachen und viel essen

4 B. Volkssport Grillen
Transforme les phrases suivantes en utilisant la forme impersonnelle avec wird, comme dans l'exemple.

1. In Deutschland grillt man gern.
   In Deutschland wird gern gegrillt.
2. In Deutschland grillt man bei jedem Wetter.
3. Auch im Winter grillt man oft.
4. Man grillt in Parks oder bei Freunden.
5. Dabei lacht man viel mit den Freunden.

Das brauchst du für dein Projekt!

Gemeinsame Freizeit

1. Einen Spieleabend veranstalten

Spiele
- das Gesellschaftsspiel
- das Brettspiel
- das Kartenspiel
- das Computerspiel
- das Videospiel

Miteinander spielen
- ein Spiel spielen
- gewinnen ≠ verlieren
- die Zeit vergessen
- zusammen Spaß haben

2. Einen Krimi sehen

Krimis
- der Krimi
- die Krimiserie
- die Folge
- der Tatort
- der / die Kommissar/in
- das Ermittlerteam
- in einem Fall ermitteln
- der / die Täter/in
- der / die Verdächtige
- das Opfer
- die Leiche

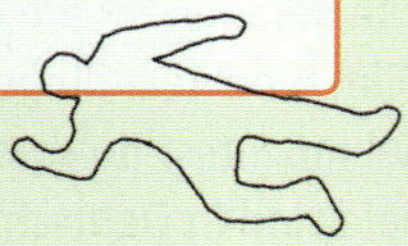

„Tatort"
- die Welt in Ordnung bringen
- Kult sein
- zum Sonntagabend gehören
- gemeinsam fernsehen / sich gemeinsam einen Krimi ansehen
- gemeinsam rätseln
- den „Tatort" gemeinsam in der Kneipe sehen
- generationsübergreifend sein = Jung und Alt vereinen

3. In einen Verein gehen

Vereine
- der Sportverein
- der Karnevalsverein
- der Schützenverein
- der Fußballverein
- der Gesangsverein
- der Turnverein
- der Traditionsverein
- die Jugendfeuerwehr

Solidarität vereint
- sich gegenseitig / anderen helfen
- ehrenamtlich tätig sein = sich ehrenamtlich engagieren
- sich nützlich fühlen

Vereinsleben
- ein Phänomen sein
- beliebt
- sich versammeln
- Menschen verbinden = vereinen
- Leute kennenlernen / treffen
- für Gemeinschaft und Tradition stehen
- eine wichtige Rolle in der Gesellschaft spielen

Grillen
- der Grill
- Fisch / Fleisch / Gemüse grillen
- auf dem Balkon / im Garten / auf dem Grillplatz grillen
- eine Grillparty veranstalten
- mit Freunden und Familie grillen
- bei jedem Wetter grillen
- ein- oder zweimal pro Woche grillen
- ein Volkssport sein
- sich zum Grillen treffen

5. Zusammen grillen

Deutsches Kulturgut
- zur deutschen Kultur gehören
- eine Gemeinschaft erzeugen
- sich als Teil der Gemeinschaft fühlen
- eine Identität geben
- ein Volksfest / ein Festival besuchen = auf ein Volksfest / Festival gehen
- regionale Trachten tragen
- großen Erfolg haben = sehr beliebt sein
- die Gemütlichkeit = die Geselligkeit

4. Auf ein Volksfest gehen

Volksfeste und Festivals
- das Festival = das Event
- das Hannoveraner Schützenfest
- das Hamburger Hafenfest
- das Münchener Oktoberfest
- das Wacken Open-Air-Festival
- das Rock am Ring
- die Bregenzer Festspiele

1 Spieleabend! Relie chaque complément au verbe qui convient.

1. die Zeit	**a.** veranstalten
2. einen Spieleabend	**b.** vergessen
3. zusammen Spaß	**c.** verlieren / gewinnen
4. das Spiel	**d.** haben

2 Rund um den Krimi. Complète le texte à l'aide des mots proposés.

a. Ermittlerteam **b.** gemeinsam **c.** Krimiserie **d.** Folge **e.** Täter **f.** Kult

Der „Tatort" ist eine beliebte **... (1)**. Jede **... (2)** spielt in einer anderen Stadt. Es gibt immer eine Leiche und ein **... (3)** sucht den **... (4)**. In Deutschland ist diese Serie schon seit langem **... (5)**. In manchen Kneipen kann man den Krimi am Sonntagabend **... (6)** mit Freunden sehen.

3 Vereinsmeier. Pour quelles raisons les Allemands apprécient-ils autant les clubs ? Liste un maximum d'arguments.

4 Lauter Feste! Trouve la fête correspondante dans la carte mentale.

1. das größte Volksfest der Welt
2. ein Event für alle Opernfans
3. das ideale Fest für Leute, die das Wasser lieben
4. das berühmteste Rockfestival Deutschlands
5. ein Muss für alle Heavy-Metal-Fans

5 Komm, wir grillen! Trouve l'intrus et justifie ton choix.

1. Fisch • Kuchen • Fleisch • Gemüse • Kartoffeln
2. auf dem Balkon • im Wohnzimmer • im Garten • im Park
3. ein Volkssport • ein beliebtes Hobby • eine Party • ein gesellschaftliches Phänomen
4. zweimal pro Woche • bei jedem Wetter • am Wochenende • am Abend

6 Das vereint die Menschen. Complète le texte à l'aide des mots proposés.

a. Gesellschaft **b.** verbinden **c.** gemeinsame **d.** generationsübergreifend **e.** Vereine **f.** Identität **g.** Vereinsleben

Gesellschaftsspiele, **... (1)** und Volksfeste gehören zur deutschen Kultur und spielen eine große Rolle in der **... (2)**. Sie geben den Menschen eine **... (3)**. Sie sind oft auch **... (4)**, weil sie Jung und Alt verbinden. Das **... (5)** ist wichtig, weil Vereine Menschen **... (6)**, die **... (7)** Interessen haben.

Diebstahl am Grillabend

Berlin, Freitagabend. Wochenende! Kommissar Tanner hat schon einen tollen Plan: Grillabend mit Freunden bei Lucia im Garten. Das Telefon klingelt.

» Sorry «, sagt sein Kollege Bolle, » es gibt noch Arbeit für dich. Wieder ein Diebstahl. Diesmal ein knallgelbes Abendkleid aus einem Luxus-Kaufhaus. Zum Glück gibt es in dem Laden viele Kameras. Nur schwarzweiß, aber gute Qualität. Wir haben die Diebin sofort gefunden. Direkt vor dem Hotel, wo heute die große Berlinale-Party ist. «

» Schon gefunden? Aber dann ist doch alles klar! «

» Nicht ganz. Das Kleid ist weg. Wir haben kein Beweisstück. Außerdem ist die Dame ein Filmstar: diese zickige[1] Bibi Kinsky! Sie sitzt in meinem Büro. Zeig ihr das Kaufhaus-Video. Dann ist sofort alles klar. Komm, Tanner, bitte bitte! «

Zehn Minuten später in Bolles Büro. Bibi Kinsky, total genervt. Tanner lächelt.

» Wir schauen nur kurz einen Film an. Sie in der Hauptrolle[2]. Das lieben Sie doch. «

Er drückt auf „START“. Kaufhaus, Damenmode. Eine Frau probiert ein Gala-Kleid.

Plötzlich zieht sie ihren Mantel an und läuft weg. Bibi Kinsky, 100%.

» Na «, sagt Tanner, » wie finden Sie das? «

» Also «, sagt Bibi, » Zaza macht ja viel Blödsinn. Aber so was! Unglaublich! «

» Zaza? Wer ist denn bitte Zaza? « Tanner versteht nur Bahnhof[3].

» Na Zaza Kleptó, meine Zwillingsschwester. «

» Was? Sie haben eine Zwillingsschwester? «

» Klar! Sie ist ein Top-Star in London. Haben Sie das nicht gewusst? «

» Nein, das ist mir auch total egal, aber ... Bolle, check das mal! «

Bolle findet sie sofort: » Zaza Kleptó. Popsängerin. Wie ein Klon von Frau Kinsky, auch das Geburtsdatum ist identisch. Einige Delikte, viele Skandale. «

» Jetzt verstehe ich «, ruft Bibi Kinsky, » Zaza will auch auf die Berlinale-Party, hat aber weder Klamotten noch Kohle[4]. Typisch Zaza!

» Tja «, sagt Tanner genervt, » dann dürfen Sie zurück zu Ihrem Kinofestchen. «

» Na also «, ruft Bibi, » und noch was: Ich bin Künstlerin, ich habe Stil. So ein gelbes Monster würde ich nie anziehen. Also auch nicht stehlen. Logisch, oder?

» Schon gut. Und tschüss! «, brummt Tanner. Was für eine Tussi!

20 Minuten später. Tanner rast zu Lucia. Eine Ampel wird gerade rot. Mist!

Er muss immer noch an die Kinsky denken. Aber ihre Geschichte war perfekt. Oder? Er sieht auf die Ampel. Rot, gelb, grün! Endlich! Er will losfahren ... aber Moment mal! Die Kinsky hat ja einen Fehler gemacht!

Er nimmt sein Handy: » Lucia, tut mir leid, aber ich muss sofort zur Berlinale und Bibi Kinsky finden. Sie hat das Abendkleid gestohlen. «

Wie hat der Kommissar die Lösung gefunden?

[1] **zickig** chiant/e, capricieux/capricisieuse
[2] **die Hauptrolle** le premier rôle
[3] **nur Bahnhof verstehen** ne rien piger
[4] **die Kohle** le fric

Was glaubst du: Wie hat diesem Zuschauer der tausendste „Tatort" gefallen? Warum?

↑ © Markus Grolik / cartoongrolik.blogspot.de

↑ © Leichnam / toonpool.com

Wie wird diese Geschichte wohl enden? Erfinde eine Fortsetzung zum Cartoon.

Aussprachetraining

A. Zusammengesetzte Nomen

Prof. 06
Élève 01

Hör zu und sprich nach.

1. das Spiel • die Gesellschaft • das Gesellschaftsspiel
2. der Ort • die Tat • der Tatort
3. das Team • der Ermittler • das Ermittlerteam
4. der Verein • der Schütze • der Schützenverein
5. das Fest • das Volk • das Volksfest
6. die Party • der Grill • die Grillparty

B. Ä, Ö oder Ü?

Prof. 07
Élève 02

Variante a oder Variante b? Hör zu und wähl aus.

1. **a.** musst • **b.** müsst
2. **a.** Alter • **b.** älter
3. **a.** schon • **b.** schön
4. **a.** hatte • **b.** hätte
5. **a.** großer • **b.** größer
6. **a.** junger • **b.** jünger
7. **a.** Grund • **b.** Gründe
8. **a.** waren • **b.** wären

C. Frage, Aufforderung oder Aussage?

Prof. 08
Élève 03

Hör zu und sprich nach. Welche Satzzeichen (. / ! / ?) fehlen?

1. Die Essener Spielemesse ist weltbekannt ☒
2. Diese Krimiserie ist in Deutschland Kult ☒
3. Freizeitaktivitäten können generationsübergreifend sein ☒
4. Geh doch in einen Verein ☒
5. Vereine haben in Deutschland eine lange Tradition ☒
6. Wie viele Vereine gibt es in Deutschland ☒
7. Kauf bitte Würstchen für die Grillparty ☒
8. Kommst du am Samstag zum Grillen ☒

D. Intonation

Prof. 08
Élève 03

Welche Aussage ist korrekt? Hör noch einmal zu und wähl aus.

- Dans les phrases **déclaratives**, l'intonation est ascendante / descendante.
- Dans les phrases **injonctives**, l'intonation est ascendante / descendante.
- Dans les phrases **interrogatives**, l'intonation est ascendante / descendante.

Zwischenstopp 1

Je prépare ma tâche finale

Spiele- oder „Tatort"-Abend?
Rollenspiel: Zwei Jugendliche diskutieren, was sie am Sonntagabend miteinander machen möchten.

1 ***Nous constituons des binômes. Ensemble, nous listons les tournures utiles pour faire une suggestion, pour exprimer nos goûts et nos préférences et pour défendre notre point de vue.***

2 ***Chacun prépare ses arguments en mettant en avant les informations découvertes dans le chapitre (ce que représente la série* Tatort *et pourquoi les jeux de société sont tant appréciés des Allemands).***

3 ***Nous entraînons à jouer la scène librement, avec le ton et la gestuelle adaptés.***

Zwischenstopp 2

Je prépare ma tâche finale

Geh doch in einen Verein!
Ich schreibe eine Mail an eine/n Freund/in, in der ich ihm / ihr vorschlage, in einen Verein zu gehen.

1 ***Je lis attentivement la tâche d'expression écrite demandée. Un/e ami/e à toi, qui participe à un échange Brigitte Sauzay, t'a adressé le mail suivant :***

Hi,
wie geht es dir? Mir geht es hier in der Ruhr nicht ganz so gut. Ich bin seit einem Monat für meinen Brigitte-Sauzay-Austausch hier in Gelsenkirchen, und außer meinem Austauschpartner habe ich noch keine neuen Freunde gefunden.
Hast du vielleicht Ideen, wie ich mich besser integrieren kann?
Liebe Grüße

Tu lui répond et tente de le / la convaincre de s'inscrire à un club.

2 ***Je lui explique l'importance des clubs et associations en Allemagne et je lui cite, pour exemple, ceux auxquels il / elle pourrait s'inscrire pour mieux s'intégrer.***

3 ***Il te faut convaincre : pour cela, explique-lui tous les avantages que la fréquentation d'un club pourrait lui apporter.***

Je réalise ma tâche finale

Das vereint die Menschen in Deutschland
Zum Deutsch-Französischen Freundschaftstag erklären wir unseren Mitschülern / Mitschülerinnen, wie Freizeitbeschäftigungen die Deutschen vereinen.

1. *Ensemble, nous prenons connaissance de la tâche qui nous est demandée : informer nos camarades de la manière dont les loisirs créent du lien social entre les Allemands.*

   Il s'agit de leur faire part de la réflexion développée en cours d'allemand :

   - *en insistant sur les spécificités propres à l'Allemagne ;*
   - *en nous appuyant sur quelques exemples bien choisis pour éclairer notre propos.*

2. *Nous constituons des groupes de trois ou quatre élèves. Chaque groupe choisit l'un des thèmes suivants :*

   - une soirée ensemble (*Spieleabend, Tatort* ...)
   - les clubs fédérateurs (*Vereine*)
   - la fête, toute une tradition (*Volksfeste*)
   - le barbecue : un sport national (*Grillen*)

3. *À l'intérieur des groupes, nous nous partageons la prise de parole de manière judicieuse et équilibrée, chacun devant s'exprimer une à deux minutes.*

4. *Nous enregistrons avec un dictaphone ou un baladeur MP3 pour nous entraîner.*

2 Klein, aber oho!

La Suisse, un petit pays ?

1

2

3

4

5

6

Schritt 1
Ein „reiches“ Land

Zwischenstopp 1
Die Schweiz: ein vielfältiges Land

Schritt 2
Pioniergeist

Zwischenstopp 2
Quiz: „Made in Switzerland“

Schritt 3
Schwyzer Kunst

Unser Projekt
Eine Insel im Herzen Europas

7

8

10

9

11

A. Seht euch die Fotos an. Was kennt ihr? Was ist neu? Tauscht euch aus.

Prof. 10 **B.** Helvetia stellt sich vor. Hör zu und notiere die wichtigen Informationen.

- **a.** die Einwohnerzahl
- **b.** die offizielle/n Sprache/n
- **c.** die Anzahl der Kantone
- **d.** der Bezug zur Europäischen Union

➡ Arbeitsheft S. 16

Zwischenstopp 1

Die Schweiz: ein vielfältiges Land

1. So ist die Schweiz ➡ Arbeitsheft S. 17

A. Bildet Gruppen. Jede Gruppe bearbeitet eine Grafik (A oder B). Welche Informationen findest du in deinem Dokument? Notiere.

a. die Einwohnerzahl
b. die Nationalitäten in der Bevölkerung
c. den Anteil der Ausländer
d. die Lebenserwartung
e. die Landschaften und geografischen Besonderheiten
f. die Nachbarländer

Exprimer les pourcentages (le génitif) ➡ p. 32

Ein bisschen Erdkunde ➡ p. 34

B. Vergleicht und ergänzt die Informationen innerhalb eurer Gruppe.

C. Gruppe A stellt Gruppe B die Infografik vor und umgekehrt.

Depuis 1515, la Suisse suit un principe : celui de la neutralité. Cela signifie qu'elle reste toujours neutre et qu'elle n'a été impliquée dans aucun conflit depuis des centaines d'années. Connaissezvous d'autres pays qui respectent ce principe ?

A

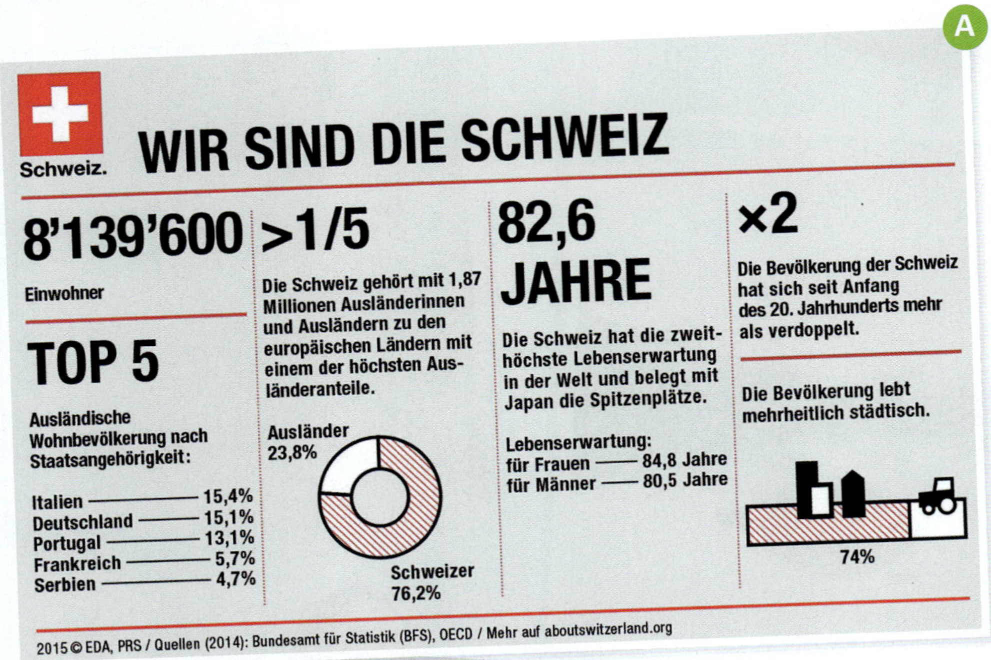

B

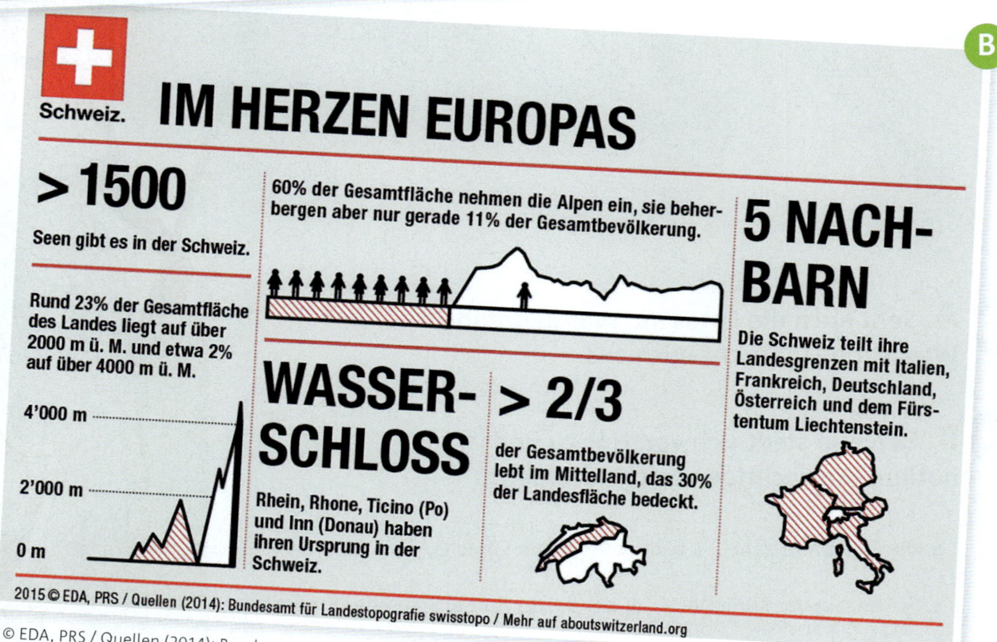

↑ © EDA, PRS / Quellen (2014): Bundesamt für Landestopografie swisstopo, 2015

2. Ein Land, viele Sprachen ➜ Arbeitsheft S. 18

Prof. 11 **A. Hör dir das Interview mit einer jungen Schweizerin an und beantworte die Fragen.**

a. Wie viele Sprachen spricht Estelle?
b. Was studiert sie?
c. Warum studiert sie in Freiburg im Breisgau?
d. Wie fühlt sie sich dort? Warum?

B. Welche Sprache oder Sprachen sprichst du zu Hause? Kennst du jemanden, der mit mehreren Sprachen aufwächst? Welche Vorteile hat er / sie davon?

C. Kennst du den Schweizer Rapper Nemo? Lies den Text und finde die folgenden Informationen.

Mehrsprachigkeit ➜ p. 34

a. Alter | b. Wohnort | c. Musikrichtung | d. Preise

Der junge Künstler ist das neue, angesagte[1] Gesicht des Schweizer Raps. Nemo kommt aus Biel, ist 18 Jahre alt und sprengt mit seinem Sound die gängige Hip-Hop-Norm[2].

Er macht sein Ding einfach so, wie es ihm richtig erscheint. Seine Freude ist spür- und hörbar. Der „Sing-Sang-Rapper", wie er sich selbst nennt, verbindet Rap und Gesang in einer neuen erfrischenden Form und holte sich 2017 damit den Swiss Music Award in der Kategorie „Best Talent" – als jüngster Gewinner überhaupt.

↑ Nach: *Nemo ist „SRF 3 Best Talent" 2017*, SRF 3, 13. Februar 2017

[1] **angesagt** tendance
[2] **die Norm sprengen** être exceptionnel/le

D. Sieh dir den Videoclip an. Nemo singt auf Schweizerdeutsch. Kannst du einige Wörter verstehen?

↑ *Himalaya* © Bakara Music, 2016

Exprimer la conséquence avec **darum, deshalb** et **deswegen** ➜ p. 32

Zwischenstopp 1 ➜ p. 38

Ich präsentiere die Schweiz unter dem Aspekt der Vielfalt anhand einer Mindmap.

Zwischenstopp 2
Quiz: „Made in Switzerland“

1. Das kennt jeder! → Arbeitsheft S. 21

A. Ordne diese bekannten Schweizer Produkte der jeweils passenden Beschreibung zu.

A

a. **Nespresso hat eine innovative Kapsel entwickelt.** Diese Kapsel hat die Kaffeekultur revolutioniert.

b. **Der Uhrenfabrikant Swatch stellt praktische und stylische Uhren her.** Diese Uhren sind in vielen Ländern beliebt.

c. **Victorinox produzierte für die Armee nützliche Taschenmesser.** Sie sind heute ein beliebtes Souvenir.

d. **Dieses Produkt ist ein leckeres Kräuterbonbon.** Es ist gut für den Hals.

e. **Die Firma Tobler produziert eine originelle Süßigkeit.** Sie ist lecker und sieht wie ein Gebirge aus.

f. **Die High-Tech-Firma Logitech hat eine Maus erfunden.** Es war die erste Maus mit Laser-Technologie.

g. **Die Luxusmarke Rolex verkauft Uhren.** Die Uhren von dieser Firma sind sehr teuer.

h. **Der Schweizer Grafiker Max Miedinger hat diese Schriftart 1957 erfunden.** Sie ist heute in der ganzen Welt bekannt.

6 helvetica

B. Sieh dir den Text A noch einmal an.
Beschreibe die Erfindungen mithilfe von Relativsätzen.

Nespresso hat eine innovative Kaffeekapsel erfunden, die ...

C. Lies nun den Text B (S. 29) und bearbeite die folgenden Aufgaben.

a. Nenne je zwei Schweizer Produkte, Erfindungen, Unternehmen oder Marken für diese Bereiche: Lebensmittel, Medizin, Informatik, Sonstiges.
b. Notiere die Jahreszahl der Erfindungen, wenn im Text angegeben.
c. Ist es einfach, viel Geld mit Erfindungen zu verdienen?

D. In welchen Bereichen ist die Schweiz besonders innovativ? Warum findet die internationale Messe für Erfindungen in der Schweiz statt? Tauscht euch aus.

Produkte und Erfindungen → p. 34

Le pronom relatif au nominatif et à l'accusatif → p. 33

B

Sechs Fakten zum Erfinderland Schweiz

Kein Öl. Keine Edelmetalle. Die Schweiz musste schon früh auf eine eigene Ressource setzen: die Fähigkeit, zu denken und Probleme zu lösen.

Echt beeindruckend: Anzahl Schweizer Patente
In einer Kategorie ist die Schweiz einsame Spitzenreiterin: Auf eine Million Einwohner kommen in der Schweiz 892 Patente im Jahr 2016. Das sind mehr als doppelt so viele wie die Niederlande (auf Platz zwei). Zum Vergleich: Deutschland ist auf Platz 6 und die USA auf Platz 14.

Echt praktisch: Erfindungen, die den Alltag vereinfachen
Die Liste Schweizer Erfindungen ist lang: der Reißverschluss[1] (1923), die Aluminiumfolie[2] (1907), der Würfelzucker (1843), der Klettverschluss[3] (1951) – auch „Velcro" gennannt (aus dem Französichen VELours und CROchet) – und, ganz wichtig: das Taschenmesser (1891) oder die Tafelschokolade (1819), um nur einige zu nennen.

Echt neu: Neue Schweizer Erfindungen
Doch kein Grund nostalgisch zu werden. Jedes Jahr werden in der Schweiz neue Erfindungen präsentiert!

Echt fleißig: Pharmafirmen forschen bis heute in der Schweiz
Auch im hochtechnologischen Bereich hat die Schweiz mit ihren Pharmariesen Roche und Novartis viel zu bieten: Die beiden Firmen zählen noch heute zu den fleißigsten 50 Patent-Einreichern weltweit.

Echt schwierig: Mit Erfindungen auch Geld verdienen
Ruth Stauber, Vizepräsidentin des Erfinderverbands Schweiz, meint, dass es viele Erfinder bis zum Patent schaffen. Aber leider ist es sehr schwer, mit einer guten Idee Geld zu verdienen!

Echt wenig: In Sachen Computertechnik haben die USA die Nase vorn
Leider gibt es nicht so viele Schweizer Erfindungen in diesem Bereich. Dabei hatte alles so gut angefangen: 1981 wurde die Maus erfunden, 1989 „erfand" Tim Berners-Lee am CERN[4] das Internet. Seither haben sich leider kaum mehr Schweizer Erfindungen im Internet durchgesetzt. Der wohl berühmteste Schweizer Internet-Service ist die Terminfindungsplattform Doodle von Paul E. Sevinç.

↑ Nach: News Schweizer Radio und Fernsehen, 17. April 2015

[1] **der Reißverschluss** la fermeture éclair
[2] **die Aluminiumfolie** la feuille d'aluminum
[3] **der Klettverschluss** la fermeture velcro
[4] **CERN** Organisation européenne pour la recherche nucléaire

Zwischenstopp 2 → p. 38
Wir erstellen ein Quiz zu Schweizer Produkten und Erfindungen und spielen es in der Klasse.

Unser Projekt
Eine Insel im Herzen Europas

1. Kunstexperimente → Arbeitsheft S. 24

A. **Sieh dir diese Kunstwerke an. Wie findest du sie?**

a

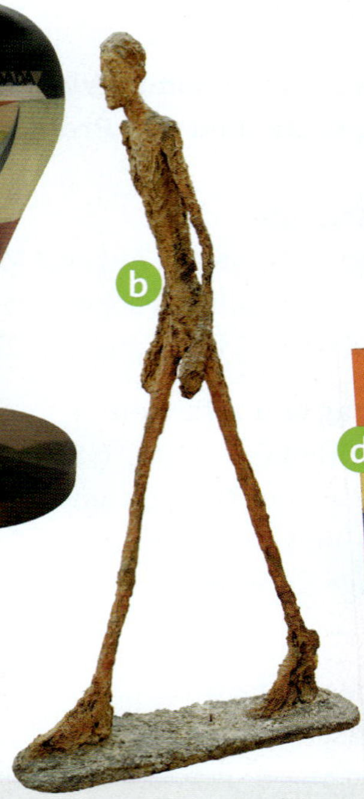
b

c

d

B. **Lies die Informationen über die Künstler und ordne die Werke zu.**

Die aus Davos stammende deutschsprachige **Sophie Taeuber-Arp** (1889-1943) ist eine der wichtigsten Persönlichkeiten der Dada-Strömung (Dadaismus), die während des Ersten Weltkriegs in Zürich entstand. Die Schweizer Architektin, Malerin und Bildhauerin ist eine der bedeutendsten Künstlerinnen des 20. Jahrhunderts und gilt als Pionierin der Konstruktiven und Konkreten Kunst. Der 1920 geschaffene Dada-Kopf zählt zu ihrem bekanntesten Werk.

Jean Tinguely (1925-1991) ist im Schweizer Freiburg geboren und in Basel aufgewachsen: Zu Hause sprach er Französisch und in der Schule Deutsch. Seine originellen kinetischen Kunstwerke verbinden Kunst und Mechanik. Mit seiner Freundin Niki de Saint Phalle konzipierte er den fröhlichen und bunten Strawinski-Brunnen, der in Paris vor dem Centre Pompidou zu bewundern ist.

Der in der Schweiz geborene und aufgewachsene deutsche Maler und Grafiker **Paul Klee** (1879-1940) gilt als der bedeutendste Künstler der Schweiz. Sein vielseitiges Werk kann man vielen verschiedenen Kunstrichtungen zuordnen. Paul Klee gehörte zu den großen bildenden Künstlern der Klassischen Moderne des 20. Jahrhunderts. Seit 2005 kann man im Paul-Klee-Zentrum in Bern eine großen Teil seiner Werke besichtigen.

Alberto Giacometti (1901-1966) kam im Kanton Graubünden zur Welt. Neben seiner Muttersprache Italienisch sprach Alberto Giacometti Deutsch, Französisch und Englisch. Ab 1945 wurde er durch seine filigranen Skulpturen weltweit bekannt. Seine bekannteste Skulptur, „Der schreitende Mann“, aus dem Jahr 1960, wurde 2015 bei einer Auktion von Christie's für mehr als 141 Millionen US-Dollar verkauft.

C. **Lies die Texte noch einmal. Warum sind diese Künstler international bekannt? Inwiefern sind die Künstler und ihr Werk interessant?**

D. **Bildet Gruppen. Jede Gruppe wählt einen der vier Künstler aus und stellt ihn oder sie vor. Begründet eure Wahl.**

2. Ordentlich wie ein Schweizer? → Arbeitsheft S. 25

A. Sieh dir diese Seite an. Was erfährst du über den Mann auf dem Foto?

a. Name | b. Herkunft | c. Geburtsjahr / -ort | d. Beruf

B. Beschreibe die Bilder. Worin besteht Wehrlis Kunst? Warum ist das witzig?

C. Lies die Sprechblase neben dem Foto. Mit welchem bekannten Schweizer Klischee spielt Wehrli hier? Warum?

↑ Ursus Wehrli in Aktion

↑ Ursus Wehrli, *Aufgeräumte Briefmarke* © Post CH AG, 2012

↑ Ursus Wehrli, *Klees Farbtafel aufräumen*, 2006

← Ursus Wehrli (geb. 1969 in Aarau, Schweiz). Kabarettist, Bildender Künstler, Fotograf und Aktionskünstler

Ich mache das, was mir Freude bereitet. Wenn man will, kann man in meinen Aufräumaktionen den sauberen Schweizer erkennen. Ich kann es nicht verheimlichen: Ich bin ein Schweizer und wahrscheinlich haben wir die ordentlichen Gene in uns.

Über Kunst sprechen → p. 35

Les adjectifs invariables en -er → p. 33

Unser Projekt → p. 39

Wir präsentieren den Mitschüler/innen aus anderen Klassen die Schweiz in einer Ausstellung und werden so Botschafter/innen des Landes.

Das brauchst du für dein Projekt!

1 Exprimer les pourcentages (le génitif)

23,8 % der Bevölkerung der Schweiz sind Ausländer.
Die Alpen bedecken 60 % des Landes.

Tu le sais déjà, le génitif est le cas qui correspond au complément du nom. Il indique l'appartenance ou la possession. Après un pourcentage, on utilise donc le génitif, qui désigne dans ce cas une partie d'un tout.

	nominatif	accusatif
m	der Berg	des Berg(e)s
n	das Land	des Land(e)s
f	die Schweiz	der Schweiz
pl	die Berge	der Berge

2 Exprimer la conséquence avec **darum, deshalb** et **deswegen**

Estelle liebt Sprachen; darum / deshalb / deswegen macht sie ein zweisprachiges Studium.

Les adverbes **darum**, **deshalb** et **deswegen** indiquent la conséquence. On les traduit en français par « c'est pourquoi ».

Rappelle-toi !
Tu sais déjà énoncer la cause au moyen de la conjonction de subordination **weil**, une façon de présenter la même chose autrement :
Estelle will ein zweisprachiges Studium machen, weil sie Sprachen liebt.

2 A. So geht's auch!
Reformule les phrases suivantes avec deshalb, darum ou deswegen.

1. Estelle hat die Matura auf Deutsch und Französisch gemacht, weil sie zweisprachig aufgewachsen ist.
2. Sie studiert in Freiburg im Breisgau, weil sie ein zweisprachiges Studium absolvieren will.
3. Die Schweiz hat vier Amtssprachen, weil sie multikulturell ist.
4. Estelle versteht sich gut mit Studenten aus anderen Ländern, weil sie viele Sprachen spricht.
5. Nemo singt seine Raps in Dialekt, weil er Schweizerdeutsch liebt.
6. Er ist innovativ, weil er so singt, wie es ihm gefällt.
7. Er nennt sich „Sing-Sang-Rapper", weil er Gesang mit Rap verbindet.
8. Er hat einen wichtigen Musikpreis gewonnen, weil er wirklich gut ist.

1 A. Die Schweiz in Prozentsätzen
Complète avec l'article au génitif qui convient.

Menschen: In der Schweiz sind 23,8 % ... **(1)** Einwohner Ausländer. 15,4 % ... **(2)** Ausländer sind Italiener. Die meisten Menschen wohnen in der Stadt, nämlich 74 % ... **(3)** Bevölkerung. 63.5 % ... **(4)** Schweizer sprechen Deutsch oder Schweizerdeutsch.
Geografie: In der Schweiz gibt es viele Berge: 60 % ... **(5)** Landes werden von den Alpen bedeckt.
Wirtschaft: 56 % ... **(6)** Produktion wird in die EU exportiert. 20 % ... **(7)** exportierten Waren sind aus dem Chemiesektor. 19 % ... **(8)** Energie kommt aus erneuerbaren Energiequellen.

1 B. Die Schweiz in Genitiven
Forme des phrases à partir des éléments suivants. Veille à conjuguer les verbes en les plaçant au bon endroit et à utiliser le génitif pour les compléments de nom.

1. in der Schweiz • die Lebenserwartung • die Frauen • fast 84 Jahre • betragen
2. seit dem 20. Jahrhundert • die Bevölkerung • die Schweiz • sich fast verdoppelt haben
3. 50,4 % • die Schweizer • Frauen • sein
4. 20,4 % • die Bevölkerung • zwischen 0 und 19 Jahre alt • sein
5. in Europa • 21,2 % • die Bevölkerung • zwischen 0 und 19 Jahre alt • sein
6. etwa 45 % • die Fläche • zu den Alpen • gehören

2 B. Alles hat Folgen!
Complète les phrases avec la subordonnée qui convient.

1. Nemo ist sehr kreativ, ...
2. Die Schweiz ist multikulturell, ...
3. Estelle ist zweisprachig aufgewachsen, ...
4. Nicht viele Universitäten bieten ein zweisprachiges Studium, ...

a. darum ist die Freiburger Universität sehr beliebt.
b. deswegen hat er sich den Preis wirklich verdient.
c. deshalb studiert sie in Freiburg.
d. deswegen fühlen sich viele Ausländer hier wohl.

3 Le pronom relatif au nominatif et à l'accusatif

Ich liebe diese Uhr, die so stylisch ist.
Der Klettverschluss, den man auch „Velcro" nennt, ist echt praktisch.

On peut donner des informations complémentaires sur un nom au moyen d'une proposition subordonnée relative.

Le pronom relatif a le genre et le nombre de son antécédent. Il se met au cas qui correspond à sa fonction dans la proposition subordonnée relative :

Ich liebe diese Uhr, die so stylisch ist.
(Die Uhr ist stylisch.)

Dans la phrase suivante, le pronom relatif étant COD du verbe de la proposition relative, il est à l'accusatif :

Der Klettverschluss, den man auch „Velcro" nennt, ist echt praktisch. (Man nennt den Klettverschluss auch „Velcro".)

3 B. Noch mehr Erfindungen!
Complète les phrases avec une relative à l'aide des informations entre parenthèses.

1. Die Schweiz hat 1863 das Rote Kreuz ins Leben gerufen. **(eine humanistische Tradition haben)**
2. Auch die Schrift Frutiger stammt aus der Schweiz. **(zum Beispiel auf den Schildern am Flughafen Charles de Gaulle verwendet werden)**
3. Die Elektrogitarre wurde von einem Schweizer entwickelt. **(für die Entwicklung der Rockmusik wichtig sein)**

4 Les adjectifs invariables en -er

Der Schweizer Künstler Wehrli räumt alles auf.

Certains adjectifs, formés à partir de noms de villes ou de pays, se terminent par **-er** et sont invariables. Utilisés seulement comme épithètes, ils se placent directement devant le nom / les noms auquel / auxquels ils se rapportent. Ils prennent toujours une majuscule.

4 Typisch Schweiz
Construis des groupes nominaux avec des adjectifs épithètes.

1. Genf • der See
2. Zürich • das Opernhaus
3. Bern • das Paul-Klee-Zentrum
4. Biel • der Rapper
5. Schweiz • die Alpen
6. Appenzell • der Käse

3 A. Was haben die Schweizer noch erfunden?
Complète les phrases avec la relative qui convient.

1. Jacques E. Brandenberger, ..., hat 1908 das Cellophan erfunden.
2. In der Schweizer Firma Zyliss, ..., wurde die Knoblauchpresse entwickelt.
3. Der Asphalt, ..., wurde von dem Schweizer Arzt Guglielminetti erfunden.
4. Der Instantkaffee, ..., wurde 1938 zum ersten Mal verkauft.

a. den es erst seit 1902 gibt
b. den viele Leute jeden Morgen trinken
c. die Karl Zysset gehörte
d. der ein Schweizer Chemiker war

3 C. Erfinderland Schweiz
Transforme les deux phrases en une seule à l'aide d'une relative.

1. Das Produkt verkauft sich gut.
Wir stellen das Produkt her.
2. Ich möchte ein schönes Schweizer Souvenir.
Das Souvenir ist nicht sehr teuer.
3. Ich esse am liebsten Schokolade.
Die Schokolade kommt aus der Schweiz.
4. Es gibt jedes Jahr viele neue Patente.
Die Patente kommen aus der Schweiz.
5. Kennst du die Internationale Messe für Erfindungen?
Ich besuche diese Messe jedes Jahr.
6. Ich habe ein neues Produkt auf der Erfindermesse gesehen.
Ich finde das Produkt wirklich beeindruckend.
7. Die Schweiz muss innovativ sein.
Die Schweiz hat kein Öl und keine Edelmetalle.
8. Der Reißverschluss ist eine sehr praktische Erfindung. Ein Schweizer hat den Reißverschluss erfunden.

Das brauchst du für dein Projekt!

Ein kleines großes Land

I. Ein bisschen Erdkunde

Landschaften
- das Gebirge / der Berg
- die Alpen
- aus etwas bestehen
- der See
- die Hauptstadt
- die Grenze
- an ein Land grenzen
- im Norden / Osten / Süden / Westen liegen
- der Kanton

Menschen
- die Bevölkerung
- die Einwohnerzahl
- der / die Einwohner/in
- der / die Ausländer/in
- einen hohen Anteil an ... haben
- eine hohe / niedrige Lebenserwartung
- außerhalb / innerhalb der Schweiz
- das Nachbarland

2. Mehrsprachigkeit

Sprachen
- die Landessprache
- die Amtssprache
- die Muttersprache
- die Mehrsprachigkeit
- mehrsprachig / zweisprachig sein
- der Dialekt
- das Schweizerdeutsch
- mit mehreren Sprachen aufwachsen
- eine Sprache beherrschen
- eine Sprache lernen

Multikulturalität
- ein wichtiger Aspekt sein
- die Mentalität
- die Diversität = die Vielfalt
- eine vielfältige Gesellschaft
- von Vorteil / Nachteil sein
- die eigene Identität bewahren
- eine multikulturelle Gesellschaft sein

3. Produkte und Erfindungen

Produkte
- das Produkt
- die Firma
- die Marke
- ein Produkt entwickeln / erfinden
- die Branche revolutionieren
- etwas produzieren = etwas herstellen
- das Schweizer Taschenmesser
- das Kräuterbonbon
- die Süßigkeit
- in der ganzen Welt bekannt = weltberühmt
- eine praktische / nützliche Erfindung sein
- innovativ ≠ traditionell
- teuer ≠ billig

Erfindungen
- die Innovation
- die Erfindung
- etwas erfinden
- der / die Erfinder/in
- der Bereich
- das Patent
- ein Patent anmelden
- den Alltag vereinfachen
- (keine) natürlichen Ressourcen haben
- beeindruckend = sensationell
- mit einer Erfindung Geld verdienen

Rund um die Kunst
- die Kunst
- der / die Künstler/in
- das Werk
- das Kunstwerk
- die Komposition
- die Skulptur
- die Konstruktion
- das Gemälde
- zu einer Kunstrichtung gehören
- die Kunstepoche
- der Dadaismus
- der Surrealismus

4. Über Kunst sprechen

Gefühle und Eindrücke
- *Person:* fasziniert / beeindruckt sein
- *Werk:* faszinierend / beeindruckend sein
- seltsam = eigenartig
- revolutionär = innovativ
- interessant ≠ langweilig
- fröhlich ≠ bedrückend

Ein „typischer" Schweizer
- der / die Aktionskünstler/in
- der / die Kabarettist/in
- die Ordnung ≠ die Unordnung
- etwas ordnen = etwas aufräumen
- ordentlich ≠ unordentlich
- die Aufräumaktion
- das Klischee
- der Raum

1 So ist die Schweiz! Complète le texte. N'oublie pas de conjuguer le verbe si nécessaire.

a. Amtssprachen **b.** Nachbarländer **c.** See **d.** grenzen **e.** Süden **f.** Hauptstadt **g.** Gebirge

Die Schweiz ist ein kleines Land mitten in Europa. Sie **... (1)** an viele andere europäische Länder. Diese Länder nennt man **... (2)**. Die Schweiz teilt ihr wichtigstes **... (3)**, die Alpen, mit diesen Ländern. Zwischen der Schweiz und Frankreich liegt auch ein **... (4)**, der berühmte Genfersee. Seinen Namen hat er von der Stadt Genf, die im **... (5)** des gleichnamigen Kantons liegt. Genf ist zwar eine wichtige Schweizer Stadt, die **... (6)** der Schweiz ist jedoch Bern. Die Schweiz ist ein multikulturelles Land und hat vier **... (7)**.

2 Aufgeräumte Wörter. Grâce à la carte mentale, retrouve les mots d'origine et forme le mot mystère avec les syllabes restantes.

1. CHE TER MEHR SPRA MUT
2. VIEL TIG SPRA FÄL
3. SCHAFT CHIG SELL GE
4. KUL TÄT TI RA KEIT MUL LI TU

3 Erfinderische Schweizer. Relie les mots ou expressions qui sont synonymes.

1. den Alltag vereinfachen
2. beeindruckend
3. produzieren
4. eine neues Produkt entwickeln
5. weltberühmt

a. sensationell
b. etwas erfinden
c. in der ganzen Welt bekannt
d. praktisch sein
e. herstellen

4 Kunst für alle! Trouve l'intrus et justifie ton choix.

1. innovativ • langweilig • fröhlich • beeindruckend
2. Surrealismus • Tourismus • Expressionismus • Dadaismus
3. der Raum • ordentlich • die Aufräumaktion • aufräumen
4. das Gemälde • die Skulptur • die Komposition • die Konstruktion

5 Alles so schön ordentlich hier! Trouve dans la carte mentale les expressions équivalentes.

1. Das ist das politische Zentrum eines Landes.
2. Eine Person, die aus einem anderen Land kommt.
3. Es bedeckt etwa 60 % der Schweiz.
4. Damit spielt der Künstler Ursus Wehrli.
5. So werden die Schweizer in Klischees dargestellt.

„GRÜEZI MITENAND!“

Aus: *Top 15 Fakten über die Schweiz* © DuO TV, 2014

A. Sieh dir die Standbilder zum Video der beiden YouTuber an. Welches Thema passt wohl jeweils? Ordne zu.

1. Mehrsprachigkeit
2. Lebenserwartung
3. Wahlrecht für alle
4. Energieproduktion
5. Flagge

B. Sieh dir das Video an und überprüfe deine Hypothesen.

a

b

c

d

e

C. Sieh dir das Video noch einmal an. Welche Aussagen sind richtig? Korrigiere die falschen Aussagen.

1. Die Schweiz hat fünf Kantone.
2. 0,1 % der Schweizer Bevölkerung ist über 100 Jahre alt.
3. Seit dem 18. Jahrhundert nahm die Schweiz an keinem Krieg teil.
4. 1951 bekamen die Schweizerinnen das Wahlrecht.
5. Die Firma Nestlé wurde 1806 in der Schweiz gegründet.
6. 1876 wurde die Bitterschokolade in der Schweiz erfunden.
7. 60 % der Stromenergie in der Schweiz kommt aus Wasserkraftwerken.
8. Der höchste Schweizer Berg ist 4 865 Meter hoch.
9. Außer der Schweizer Flagge ist nur noch die des Vatikans quadratisch.
10. James Bonds Vater stammt aus der Schweiz.

Aussprachetraining

A. CH und SCH

Prof. 12
Élève 05

Hör zu und sprich nach.

1. **sch**ön • **Sch**weizer • Französi**sch** • Deut**sch** • Kli**sch**ee • typi**sch**
2. i**ch** • schle**ch**t • Frankrei**ch** • Österrei**ch** • die Flä**ch**e • Bü**ch**er
3. Bu**ch** • Na**ch**barland • Spra**ch**e • au**ch** • no**ch** • Epo**ch**e
4. wä**ch**st • we**ch**seln • wa**ch**sen • se**ch**s • Wa**ch**stum • wa**ch**send

B. Transparente Wörter

Prof. 13
Élève 06

Hör zu und sprich nach.

1. der Luxus • der Tourismus
2. produzieren • revolutionieren
3. originell • multikulturell
4. der Aspekt • der Dialekt
5. die Identität • die Diversität
6. die Innovation • die Konstruktion
7. die Kultur • die Skulptur
8. die Person • der Kanton

C. -E am Wortende

Prof. 14
Élève 07

Hör zu und sprich nach. Achte dabei besonders auf das -e am Wortende.

1. Amtssprach**e**
2. Kanton**e**
3. Dialekt**e**
4. Grenz**e**
5. Patent**e**
6. Mark**e**
7. Edelmetall**e**
8. Schokolad**e**
9. Gemäld**e**
10. Gefühl**e**
11. Eindrück**e**
12. Kunstepoch**e**

D. Trennbare Verben

Prof. 15
Élève 08

Hör zu und sprich nach.

1. **her**stellen: Diese Firma **stellt** schicke Uhren **her**.
2. **an**melden: Die Schweiz **meldet** seit Jahren viele Patente **an**.
3. **zu**ordnen: Paul Klees Werke hat man vielen verschiedenen Kunstrichtungen **zugeordnet**.
4. **auf**räumen: Ursus Wehrli **räumt** berühmte Gemälde **auf**.

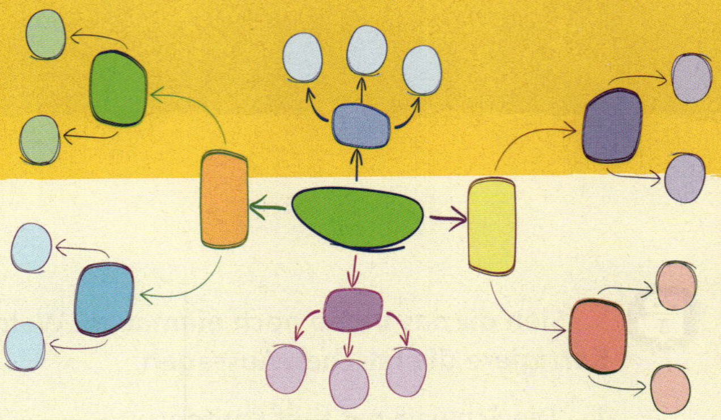

Zwischenstopp 1

Je **prépare** ma tâche finale

Die Schweiz: ein vielfältiges Land
Ich präsentiere die Schweiz unter dem Aspekt der Vielfalt anhand einer Mindmap.

1. ***Je relis le* Schritt 1 *et je choisis les aspects de la Suisse qu'ils me semblent intéressants de présenter pour mettre en avant la spécificité, la diversité et la richesse du pays.***
2. ***Je note mes idées sous forme de mots-clés, sur lesquels je pourrai m'appuyer lors de mon intervention.***
3. ***Je réfléchis à la manière d'organiser ma carte mentale, afin que celle-ci me permettre de reformuler facilement mes idées et m'aide à ne pas perdre le fil.***
4. ***Je m'entraîne à développer mon propos à partir des mots-clés.***
5. ***Une fois que je me suis approprié le contenu de mon exposé, je m'entraîne à parler de manière claire et audible, avec des mots simples, pour être compris/e de mes camarades. Je soigne l'expressivité et la gestuelle pour pouvoir intéresser mon public.***

Zwischenstopp 2

Je **prépare** ma tâche finale

Quiz: „Made in Switzerland"
Wir erstellen ein Quiz zu Schweizer Produkten und Erfindungen und spielen es in der Klasse.

1. ***Nous formons des groupes de quatre élèves.***
2. ***Chaque groupe prépare six questions de différents niveaux de difficulté, en rapport avec les inventions et les innovations suisses découvertes dans le* Schritt 2.**
   - *Sur des fiches cartonnées, nous formulons les questions comme dans le jeu* Wer wird Millionär? *et nous proposons donc quatre réponses possibles aux candidats.*
   - *Au recto, nous inscrivons la question, le niveau de difficulté (de 1 à 6) et le gain correspondant ainsi que les propositions de réponses. Au verso, nous donnons la réponse adéquate.*
   - *Chaque groupe crée également quatre cartes-réponses avec la lettre A, B, C ou D.*
3. ***Chaque groupe propose ensuite ses six questions au reste de la classe.***
   - *Les élèves du groupe sont les* Quizmaster *chacun à tour de rôle.*
   - *Les élèves des autres groupes sont les candidats ; ils répondent en levant leur carte-réponse.*
   - *Pour rester en lice, il faut répondre correctement aux questions.*
   - *Le groupe qui atteint le niveau 6, ou bien le niveau le plus élevé, remporte la manche.*

Unser Projekt

Je réalise ma tâche finale

Eine Insel im Herzen Europas
Wir präsentieren den Mitschüler/innen aus anderen Klassen die Schweiz in einer Ausstellung und werden so Botschafter/innen des Landes.

1. ***Nous prenons connaissance du projet : il s'agit de faire découvrir aux camarades des autres classes cette île au cœur de l'Europe qu'est la Suisse, un petit pays aux richesses insoupçonnées, en en présentant tous les aspects abordés en cours.***

2. ***Nous lisons attentivement la fiche d'évaluation, pour répondre au mieux aux attentes.***

3. ***Nous décidons de la scénographie : où allons-nous proposer notre exposition ? Comment allons-nous utiliser l'espace ?***

4. ***Nous formons des groupes et nous nous répartissons les aspects à présenter :***
   - *les spécificités géographiques ;*
   - *la diversité linguistique ;*
   - *le caractère innovant du pays au travers de ses inventions ;*
   - *son caractère innovant au travers de ses artistes.*

5. ***En groupes, nous élaborons le contenu de notre intervention en nous appuyant sur les mini-projets réalisés précédemment* (Zwischenstopps 1 et 2) *ainsi que sur le contenu du* Schritt 3.**

6. ***Afin de présenter une exposition aboutie, plaisante et dynamique, nous déterminons l'ordre de nos interventions et nous nous entraînons ensuite en classe plénière. Nous choisissons l'élève qui introduira les exposés.***

3 Das Herz Deutschlands?

Dans quelle mesure une petite ville peut-elle être emblématique de l'histoire de son pays ?

2 Die avantgardistische Designschule Bauhaus wurde in Weimar gegründet.

1 Die berühmtesten deutschen Dichter, Goethe und Schiller sowie Gottfried Herder und Martin Wieland, lebten und arbeiteten in Weimar.

Schritt 1
Weimarer Klassik

Zwischenstopp 1
Unser Flyer über die Weimarer Klassik

Schritt 2
Weimar als Versuchslabor

Zwischenstopp 2
Quiz über die Zeit der Weimarer Republik

Schritt 3
Weimar zwischen gestern und heute

Unser Projekt
Stadtführungen für Jugendliche

3 Die Verfassung der ersten deutschen Republik wurde 1919 in Weimar verabschiedet, deshalb hieß sie auch „Weimarer Republik".

Weimar

Bundesland: Thüringen
Einwohnerzahl: 64.355 (31. Dez. 2016)
Fläche: 84,48 km²
Höhe: 208 m ü. NHN
Fluss: Ilm
Wappen:

A. Sieh dir das Promovideo an. Welches Image möchte man von Thüringen und seinen Städten vermitteln?

B. Such die Hauptstadt von Thüringen und die Stadt Weimar auf der Deutschlandkarte hinten im Buch. Was fällt dir auf?

C. Sieh dir die Fotos und den Steckbrief der Stadt Weimar an. Stell die Stadt anhand dieser Informationen vor. Welche Bedeutung hat die Stadt für Thüringen?

Weimar ist eine Stadt, die …

D. Gibt es eine vergleichbare Stadt in Frankreich? Tauscht euch aus.

➜ Arbeitsheft S. 28

Zwischenstopp 1
Unser Flyer über die Weimarer Klassik

1. Die Frau, die Weimar erfand → Arbeitsheft S. 29

A. Lies den Text. Wer war Anna Amalia?

Die Preußenprinzessin Anna Amalia von Braunschweig-Wolfenbüttel wurde am 24. Oktober 1739 geboren. Mit 16 Jahren heiratete sie den Herzog Ernst August II. Konstantin von Sachsen-Weimar-Eisenach. Sie bekam zwei Söhne. Als ihr Mann 1758 starb, übernahm sie mit nur 18 Jahren die Regentschaft[1] für ihren Sohn, Erbprinz[2] Karl-August, der noch ein kleines Kind war.

Neben den vielen Regierungsgeschäften widmete sich Anna Amalia den Künsten, vor allem der Musik. Sie lernte komponieren und Klavier spielen. Als ihr Sohn volljährig[3] wurde, übergab sie ihm die Regierung, aber sie arbeitete weiter daran, Weimar zu einem kulturellen Mittelpunkt zu entwickeln. Sie gründete ein Theaterensemble und zahlreiche Museen. Berühmte Künstler, Musiker, Dichter, Schriftsteller und Philosophen kamen nach Weimar, um hier zu arbeiten und sich auszutauschen.

Das geistige und literarische Leben in der Stadt zum Ende des 18. und Beginn des 19. Jahrhunderts war vor allem durch Schiller und Goethe geprägt. Aber auch Humboldt, Hölderlin, Jean Paul, Heinrich von Kleist, Wieland und Herder besuchten Weimar. Ihre Schriften, Briefe, Theaterstücke und Romane spiegeln ihre Denkart. Die in dieser Zeit entstandenen Werke und Gedanken bezeichnet man als „Weimarer Klassik".

1797 beauftragte Anna Amalia Johann Wolfgang von Goethe mit der Aufsicht und Führung der Weimarer Hofbibliothek. Goethe leitete die Bibliothek bis zu seinem Tod 1832 und machte sie zu einer der wichtigsten Bibliotheken in ganz Deutschland. Heute trägt die Bibliothek den Namen der Herzogin und ist für alle wichtig, die über die Literatur und Kultur der Zeit forschen.

[1] **die Regentschaft** la régence
[2] **der Erbprinz** le prince héritier
[3] **volljährig** majeur/e

B. Lies den Text noch einmal und erstelle einen Steckbrief mit den wichtigsten Daten aus dem Leben von Anna Amalia.

C. Warum war Anna Amalia „die Frau, die Weimar erfand"? Erkläre.

Anna Amalia hat ...

D. Sieh dir das Video an. Was erfährst du über die Herzogin Anna Amalia Bibliothek?

↑ © Cross Media Redaktion

E. 2004 gab es einen Brand in der Bibliothek. Suche Informationen über diesen Brand im Internet und berichte.

2. Goethe und Schiller, Superstars ➡ Arbeitsheft S. 31

A. **Sieh dir das Video an. Wer war Goethe? In welchen Bereichen war er tätig?**

↑ © 2018 Anne Roerkohl dokumentARfilm GmbH

B. **Inwiefern war Goethe ein Genie? Tauscht euch aus.**

C. **Lies nun den Text über Goethes Freundschaft mit Schiller. Was erfährst du über Schiller?**

Eine fruchtbare Freundschaft

Es war keine Liebe auf den ersten Blick und doch sollte ihre Begegnung zu einer der produktivsten Freundschaften führen, die es in der Literaturgeschichte je gegeben hat.

Johann Wolfgang von Goethe lernte Friedrich Schiller zum ersten Mal persönlich am 7. September 1788 in Rudolstadt kennen. Goethe war mit seinem Bestseller *Die Leiden des jungen Werthers* in ganz Deutschland berühmt, aber auch der junge Dichter Schiller hatte mit seinem Werk *Die Räuber* großen Ruhm erlangt. Goethe weiß mit dem jungen leidenschaftlichen Schiller zuerst wenig anzufangen. Zu sehr erinnert ihn der jugendlich wirkende Autor an ihn selbst, an die eigene, längst überwundene[1] „Sturm und Drang"-Zeit. Es müssen sechs Jahre verstreichen, bis sich die beiden berühmten Dichter im Sommer 1794 wieder sehen. Ein reger Briefwechsel beginnt danach zwischen den beiden, der auch heute noch zu den berühmtesten Zeugnissen deutscher Sprache gehört. Schiller bewundert Goethe, er ist seiner Meinung nach das größte literarische Genie seiner Epoche, und Goethe fühlt sich immer mehr von Schiller verstanden. Er begreift, dass Schiller der womöglich einzige Dichter ist, der seine eigene Auffassung von Kunst und Literatur versteht und teilt. Schiller schlägt Goethe vor, mit ihm zusammen die Literaturzeitschrift *Die Horen* zu publizieren. Es wird ein großer Erfolg.

1799 zieht Schiller mit seiner Familie nach Weimar. Beide Dichter inspirieren und beratschlagen sich gegenseitig bei ihren Arbeiten und verbessern dadurch die Qualität ihrer Werke. Das Dichterduo veröffentlicht zusammen auch eine ganze Serie an Balladen und viele andere Dichtungen.

1805 starb Schiller im Alter von nur 45 Jahren an einer Lungenentzündung[2]. Goethe war sehr schockiert von dem Tod seines jüngeren Kollegen. Für ihn war es, als hätte er „die Hälfte seines Daseins verloren".

↑ © Gregor Delvaux de Fenffe, planetWissen

[1] **längst überwunden** surmonté/e depuis longtemps
[2] **die Lungenentzündung** la pneumonie

D. **Warum ist diese Freundschaft zwischen Goethe und Schiller für die deutsche Kultur so wichtig? Erkläre mit Argumenten aus dem Text.**

Die Weimarer Klassik ➡ p. 50

Le prétérit ➡ p. 48

Zwischenstopp 1 ➡ p. 54

Wir erstellen einen Flyer über die berühmtesten Persönlichkeiten der Weimarer Klassik.

Zwischenstopp 2
Quiz über die Zeit der Weimarer Republik

1. Deutschland übt Demokratie ➜ Arbeitsheft S. 32

PÉDAGOGIE DIFFÉRENCIÉE

A. Sieh dir das Bild an. Um welche Art von Dokument handelt es sich? Erkläre.

↑ © SPIEGEL GESCHICHTE 5/2014

B. Ordne die Texte den Fotos auf dem Cover zu.

C. Welche Zeitangabe/n passt / passen zu welchem Foto? Ordne zu. Es gibt mehrere Möglichkeiten.

a. 1919 **b.** 1923 **c.** 1929 **d.** von 1919 bis 1933 **e.** in den 1920er Jahren **f.** in den 1930er Jahren **g.** zur Zeit der Weimarer Republik

a In den zwanziger Jahren herrschte in Deutschland sehr große Not: Armut, Arbeitslosigkeit, Warenmangel. Die Deutschen suchten Zuflucht in den großen Städten, sie mussten aber oft vor Geschäften Schlange stehen, um Lebensmittel zu kaufen. Unzufriedenheit herrschte in der jungen Republik.

b Das Staatliche Bauhaus wurde 1919 von Walter Gropius in Weimar als Kunstschule gegründet. Das Bauhaus bestand von 1919 bis 1933 und gilt heute weltweit als Wiege[1] der Avantgarde auf allen Gebieten der freien Kunst und Architektur.

c Friedrich Ebert und Gustav Stresemann waren wichtige Politiker der Weimarer Republik. Friedrich Ebert wurde 1919 zum Reichspräsident ernannt und Gustav Stresemann wurde 1923 Reichskanzler. Beide Männer arbeiteten hart an der Stärkung der jungen Republik. Es gab aber eine vehemente Opposition von links und rechts.

d Die Weltwirtschaftskrise 1929 traf Deutschland besonders stark, weil das Land nach der Niederlage im Ersten Weltkrieg noch schwach[2] war. Viele Menschen wurden arbeitslos. Die Armut wuchs rasant. In dieser Krisenphase bekamen linke und rechte extremistische Parteien immer mehr Einfluss.

e Nach der Niederlage kam die Zeit der Hyperinflation: Deutschland war zu arm, um die Reparationen an die Siegermächte[3] zu zahlen. Die junge Republik stand 1923 vor dem Bankrott und ließ immer mehr Banknoten drucken, die immer weniger Wert hatten.

f Die deutsche Tänzerin, Schauspielerin und Sängerin Marlene Dietrich verkörperte wie keine andere das glamouröse Künstlerleben der Goldenen Zwanziger. In dieser kulturellen Blütezeit gab es überall Tanzlokale mit Jazzmusik und auch die Kinoindustrie erlebte einen wichtigen Aufschwung. Besonders berühmt war Berlin für seine wilden Nächte aber leider auch für die steigende Kriminalität. Die Wirtschaftskrise bedeutete das Ende dieser kreativen und freizügigen Zeit.

[1] **die Wiege** le berceau
[2] **schwach** faible, peu puissant/e
[3] **die Siegermacht** la puissance victorieuse

D. Welche Eindrücke vermittelt diese Titelseite über die Zeit der Weimarer Republik? Tauscht euch aus.

Ich finde, ...

Die Weimarer Republik ➜ p. 50
Exprimer l'opposition avec **während** ➜ p. 48
Dater un événement ➜ p. 49

2. Zukunftsvisionen ➜ Arbeitsheft S. 34

A. Sieh dir den Trailer vom Film *Vom Bauen der Zukunft* an. Was erfährst du über das Bauhaus?

© Neue Visionen Filmverleih

B. Sieh dir den Trailer noch einmal an. Was hat das Experiment Bauhaus der Welt gebracht?

C. Bildet Gruppen. Jede Gruppe konzentriert sich auf ein Bild (1, 2 oder 3) und beantwortet die folgenden Fragen.

a. Welche Farben, Formen und Motive sieht man?
b. Welche Ideen und Gefühle ruft das Werk hervor?
c. Inwiefern ist das Werk modern?

Das Bauhaus ➜ p. 50

1

Plakat zur Bauhaus-Ausstellung, Joost Schmidt, 1923

2

Bauhaustreppe, Oskar Schlemmer, 1932

3

Direktorenzimmer, Walter Gropius, 1923

D. Informiert die anderen Gruppen über euer Bild (1, 2 oder 3).

E. Welche Bauhaus-Gebäude oder -Werke gibt es in Frankreich? Suche im Internet und berichte.

In Paris gibt es ...

Zwischenstopp 2 ➜ p. 54

Wir erstellen ein Quiz über die Weimarer Republik und spielen es in der Klasse.

Unsere Projekt
Stadtführungen für Jugendliche

1. Weimar erinnert (sich) → Arbeitsheft S. 35

A. Lies den Text. An welche Epochen wird im neuen Stadtviertel erinnert?

B. Sieh dir die Karte und die Fotos an. Ordne die Texte zu.

Das Quartier Weimarer Moderne

Im Zentrum der Stadt Weimar entsteht ein lebendiges Kultur- und Museumsquartier, das den Bogen vom ausgehenden 19. Jahrhundert über die ambivalente Historie der Moderne bis hin zur Gegenwart spannt[1]. Der Park und die Kongresshalle repräsentieren die Weimarer Republik zusammen mit dem neuen Bauhaus-Museum (und dem Haus der Weimarer Republik), das Gauforum die Zeit des Nationalsozialismus, der Jakobsplan die DDR-Zeit und das Neue Museum zeigt Kunstwerke aus allen Epochen.

[1] **einen Bogen spannen** faire un pont

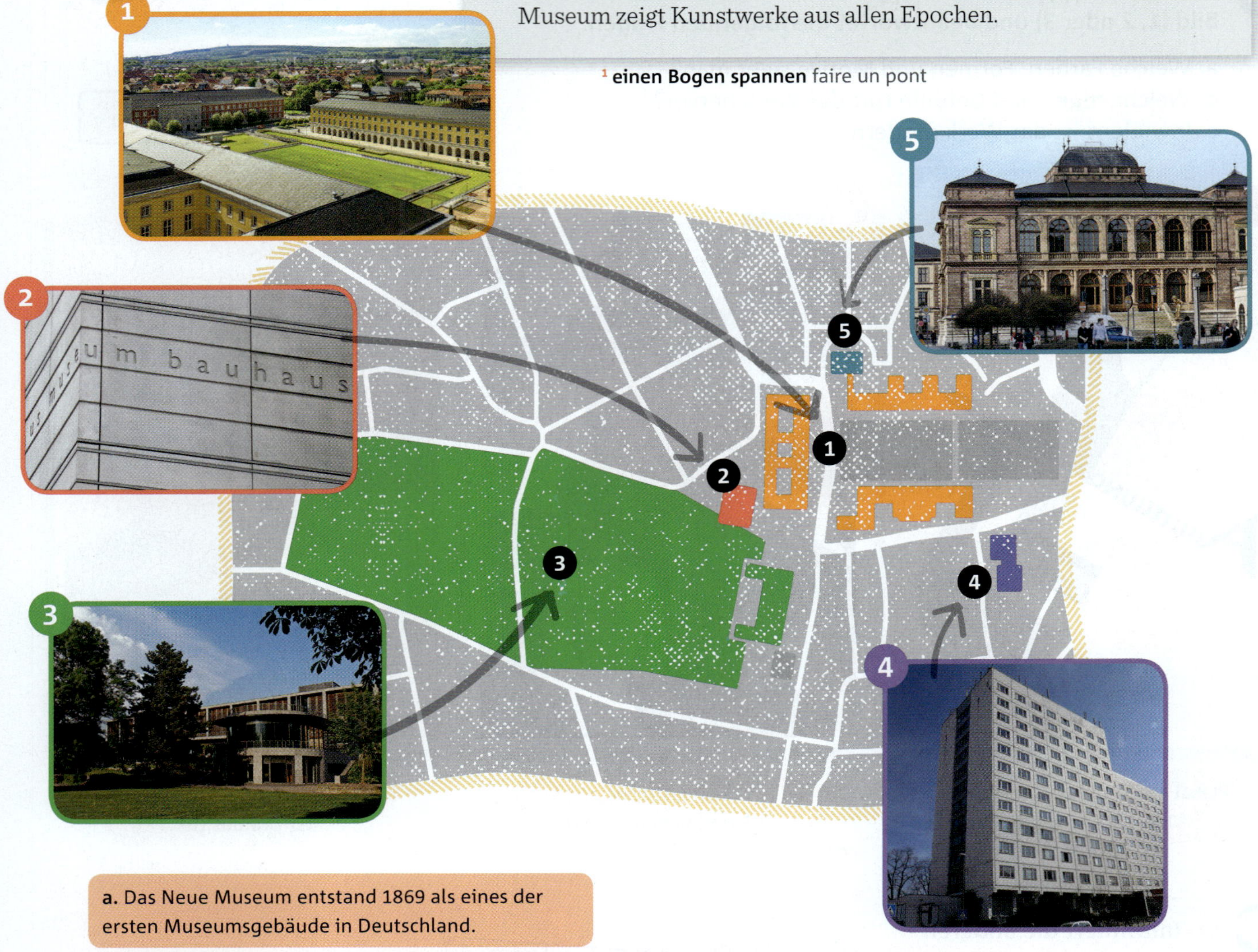

a. Das Neue Museum entstand 1869 als eines der ersten Museumsgebäude in Deutschland.

b. Das neue Museumsgebäude wurde zum 100. Geburtstag des Bauhauses 2019 eingeweiht.

c. Das ehemalige NS-Gauforum ist ein Beispiel der nationalsozialistischen Architektur und war die logistische Zentrale der europäischen Zwangsarbeit.

d. Die Weimarhalle und der Park sind ein Beispiel der Kultur- und Freizeitpolitik in der Weimarer Republik.

e. Der „Lange Jakob" bietet seit 1972 Unterkunft für 1000 Studierende und ist ein Beispiel der sozialistischen Stadtplanung.

C. Wie findest du die Idee vom Quartier der Moderne? Erkläre.

2. Wir lieben Weimar! → Arbeitsheft S. 36

A. Sieh dir das Foto an. Was ist wohl passiert?

↑ © Claus Bach, 1989

B. Lies den Infotext. Waren deine Hypothesen richtig?

1949 entstanden aus Deutschland zwei deutsche Staaten, die sich vierzig Jahre lang völlig unterschiedlich entwickelten: die kapitalistische Bundesrepublik Deutschland (BRD) im Westen und die Deutsche Demokratische Republik (DDR) im Osten. Die DDR war eine Diktatur unter sowjetischem Einfluss, d.h. die DDR-Bürger hatten keine Pressefreiheit, keine Reisefreiheit, keine Meinungsfreiheit. Eine streng bewachte[1] Grenze trennte beide Staaten. In der Hauptstadt Berlin war der Westteil der Stadt sogar von einer Mauer umgeben.

In den achtziger Jahren entschieden sich immer mehr DDR-Bürger, in den Westen zu fliehen. Andere wollten lieber in ihrer Heimat bleiben und den Staat friedlich von innen reformieren. Jeden Montag organisierten sie „Friedensdemonstrationen", erst in Leipzig und Berlin, und dann in immer mehr DDR-Städten. Auch in Weimar demonstrierten die DDR-Bürger für ihr Land und ihre Freiheit. Dort entstand 1989 dieses Foto, auf dem man sieht, wie die berühmte Statue der beiden Dichtergenies für diese Zwecke genutzt wurde. Der Druck[2] der Bürger hatte bald Erfolg. Am 7. November trat die DDR-Regierung zurück und am 9. November erreichten die DDR-Bürger endlich die Öffnung der innerdeutschen Grenze.

[1] **streng bewacht** étroitement surveillé/e [2] **der Druck** la pression

C. Sieh dir das Video an. Was charakterisiert das Weimar von heute? Welche Aspekte werden gezeigt?

↑ © Thüringer Ministerium für Wirtschaft, Wissenschaft und Digitale Gesellschaft 2018

Weimar zwischen gestern und heute → p. 51

Exprimer la concession avec **zwar ..., aber** → p. 49

D. Würdest du gern in Weimar leben oder studieren? Warum (nicht)? Tauscht euch aus.

Unser Projekt → p. 55

Wir planen thematische Stadtführungen durch Weimar.

3

Das brauchst du für dein Projekt!

1 Le prétérit

Goethe und Schiller waren sehr berühmte Dichter.

Le prétérit est un temps du passé, fréquemment employé dans des récits, biographies ou articles historiques.

Rappelle-toi !
Souviens-toi du prétérit des verbes **sein** et **haben**.

	sein	haben
ich	war ø	hatte ø
du	warst	hattest
er / es / sie	war ø	hatte ø
wir	waren	hatten
ihr	wart	hattet
sie / Sie	waren	hatten

Le prétérit des verbes faibles :

radical du verbe + te + terminaisons du prétérit

Anna Amalia lernte komponieren und Klavier spielen.

Retrouve ces terminaisons dans la conjugaison des verbes forts (cf. page 130). Les formes sont à mémoriser.

Le prétérit des verbes forts :

radical modifié + terminaisons du prétérit

erfinden → Anna Amalia erfand Weimar.

kommen → Große Denker kamen nach Weimar.

werden (auxiliaire du passif) → 2004 wurden viele Bücher durch den Brand in der Bibliothek zerstört.

sterben → Friedrich Schiller starb im Alter von 45 Jahren.

2 Exprimer l'opposition avec **während**

Während viele Menschen nach dem Krieg in Not waren, erlebte die Künstlerszene in Berlin ihre goldenen Jahre.

La préposition **während** (« pendant ») est utilisée ici comme conjonction de subordination (« pendant que », « tandis que »).

Elle exprime à la fois la simultanéité et l'opposition ou le contraste.

Rappelle-toi !
N'oublie pas de placer le verbe de la subordonnée à la fin de la proposition.

1 Kurze Biografie

Réécris la biographie de Friedrich Schiller en conjuguant les verbes au prétérit. Aide-toi au besoin de la liste à la fin de ton livre pour identifier les verbes forts.

1. Friedrich Schiller ... **(werden)** am 10. November 1759 in Marbach am Neckar geboren.
2. Er ... **(sein)** ein deutscher Dichter, Schriftsteller, Historiker und Dramatiker.
3. Er ... **(promovieren)** außerdem als Mediziner.
4. 1790 ... **(heiraten)** er Charlotte von Lengefeld.
5. Sie ... **(bekommen)** vier Kinder.
6. Schiller ... **(sein)** mit Goethe befreundet.
7. Sie ... **(schreiben)** viele Gedichte und Texte zusammen.
8. Sie ... **(gründen)** die Literaturzeitschrift *Die Horen*.
9. Schiller ... **(veröffentlichen)** viele Theaterstücke, unter anderen *Die Räuber*.
10. Er ... **(sterben)** am 9. Mai 1805 in Weimar.

Le prétérit existe également en anglais. Il a la même valeur qu'en allemand.

He was a great author. / Er war ein wunderbarer Autor.

She had a big family. / Sie hatte eine große Familie.

2 Eine Republik voller Kontraste

Relie les propositions en utilisant während.

1. Viele Deutsche hatten Hunger; reiche Leute feierten in den Nachtlokalen von Berlin.
2. Die meisten Deutschen waren nach dem Krieg deprimiert; deutsche Künstler waren sehr kreativ.
3. Deutschland musste viele Reparationen an die Siegermächte zahlen; die Leute hungerten.
4. Deutschland druckte viele Banknoten; das Geld verlor an Wert.
5. Die Weimarer Republik war die erste Demokratie; oppositionelle Kräfte wurden immer stärker.

3 Dater un événement

Von Februar 1919 bis Juni 1920 tagte die Nationalversammlung in Weimar.

Pour situer une action ou un événement dans le temps, on peut employer différents groupes prépositionnels, compléments circonstanciels de temps. Il s'agit de bien choisir la préposition, selon ce que l'on veut indiquer.

- Le mois, la saison, l'année → **im** → **im Januar, im Winter, im Jahr(e) 1919**
- Le jour de la semaine, le moment de la journée, la date, le début ou la fin → **am** → **am Montag, am Vormittag, am 9. November 1918, am Ende**
- Un horaire → **um** → **um 12 (Uhr)**
- L'antériorité → **vor** + datif → **vor dem Krieg**
- La postériorité → **nach** + datif → **nach der Niederlage**
- La durée → **von ... bis** + datif → **von 8 bis 12**
  → **zwischen** + datif → **zwischen 8 und 12**
  → **seit** + datif → **seit zwei Stunden**
- La simultanéité → **während** + génitif → **während des Ersten Weltkriegs**

Rappelle-toi !
On peut également indiquer l'année sans préciser **im Jahr(e)**.
1929 traf die Weltwirtschaftskrise Deutschland besonders hart.

4 Exprimer la concession avec **zwar ...**, **aber ...**

Weimar ist zwar eine kleine Stadt, aber sie hat eine große Bedeutung für die deutsche Kultur.

L'emploi combiné de l'adverbe **zwar** et de la conjonction de coordination **aber** permet d'exprimer la notion de concession (« il est vrai que ... néanmoins »).

C'est comme en français :
Certes, Weimar n'est pas la capitale de la Thuringe, mais elle a (néanmoins) un rôle important dans l'histoire de l'Allemagne.
Zwar ist Weimar nicht die Hauptstadt Thüringens, aber sie hat eine große Bedeutung für die deutsche Geschichte.

3 A. Weimar als Wiege der Republik

Complète chaque complément de temps avec la préposition qui convient.

a. im **b.** vor **c.** seit **d.** nach **e.** während **f.** von ... bis

1. ... dem Ersten Weltkrieg rief man in Deutschland die erste Republik aus.
2. Die Weimarer Republik existierte ... 1919 ... 1933.
3. ... der Gründung der Republik war Deutschland ein Kaiserreich.
4. ... der Wirtschaftskrise verloren viele Leute viel Geld.
5. ... Sommer 1923 machten die Bauhaus-Künstler eine große Ausstellung in Weimar.
6. ... vielen Jahren ist Weimar wieder ein Tourismusmagnet.

3 B. Wann war das?

Forme des phrases au prétérit en agençant les éléments dans le bon ordre.

1. die Weimarer Republik • während der dreißiger Jahre • vor dem Bankrott stehen
2. den Film *Der blaue Engel* realisieren • Anfang 1930 • Josef von Sternberg
3. 1925 • das Bauhaus • nach Dessau ziehen
4. Friedrich Ebert • erster Präsident der Weimarer Republik sein • von 1919 bis 1925

4 Eine facettenreiche Stadt

Associe les propositions de chaque phrase en utilisant zwar..., aber ... .

1. Weimar ist ziemlich provinziell; die Stadt hat eine berühmte Universität und eine weltbekannte Musikhochschule.
2. Weimar ist eine kleine Stadt; sie ist ein Tourismusmagnet in Thüringen.
3. Zu DDR-Zeiten hatten die Menschen keine Reisefreiheit; viele Weimarer wollten das Land in der Wende-Zeit nicht verlassen.
4. Weimar plant seine Zukunft mit vielen Studenten; die Stadt erinnert mit dem Bau des Quartiers Weimarer Moderne auch an ihre Vergangenheit.

Das brauchst du für dein Projekt!

Eine ganz besondere Stadt

I. Die Weimarer Klassik

Die Frau, die Weimar erfand
- ein Herzogtum regieren
- der / die Herzog/in
- das geistige und literarische Leben prägen
- große Denker versammeln
- zum kulturellen Mittelpunkt werden
- die Hofbibliothek eröffnen
- prächtig / prunkvoll / kostbar
- das Barockgebäude
- über die Literatur und Kultur der Zeit forschen

Goethe und Schiller, Superstars
- der Künstler: der Musiker, der Dichter, der Schriftsteller, der Philosoph
- die Schriften: der Briefwechsel, das Theaterstück, der Roman, die Ballade, die Dichtung
- das literarische Genie
- sich (gegenseitig) beeinflussen / inspirieren
- sich austauschen
- etwas / jemanden bewundern
- produktiv
- ein Werk / eine Epoche prägen
- eine Literaturzeitschrift publizieren = veröffentlichen
- ein Zeugnis deutscher Sprache sein

2. Die Weimarer Republik

Die Gründung der Republik und die Goldenen Zwanziger
- die Nationalversammlung
- in Weimar tagen
- die erste demokratische Verfassung verabschieden
- der / die Reichspräsident/in
- der / die Reichskanzler/in
- die kulturelle / kreative Blütezeit
- das glamouröse Künstlerleben
- wilde Nächte in Tanzlokalen
- steigende Kriminalität

Die Wirtschaftskrise und der Aufstieg der Nationalsozialisten
- die Not: die Armut, die Arbeitslosigkeit, der Warenmangel
- Zuflucht suchen
- Schlange stehen
- die Hyperinflation
- vor dem Bankrott stehen
- Unzufriedenheit verursachen
- Reparationen zahlen
- vehemente Opposition von links und rechts
- linke und rechte extremistische Parteien
- Einfluss nehmen / haben

Kathedralen der Zukunft
- zwischen Kunst und Technik
- der Aufbruch
- der Wandel
- die Avantgarde
- interdisziplinäres Denken
- neue Perspektiven
- Design und urbane Planung
- eine neue Generation von Architekten
- die Utopie
- das Versuchslabor
- die Modernität = die Moderne
- der / die Visionär/in
- bauen
- planen
- experimentieren

Weimar erinnert (sich)
- ein lebendiges Kultur- und Museumsquartier
- die Gegenwart ≠ die Vergangenheit
- die Weimarer Republik
- der Nationalsozialismus
- die Nazi-Zeit = das Dritte Reich
- die Zwangsarbeit
- die DDR-Zeit = die sozialistische Diktatur
- die Wende-Zeit
- für / gegen etwas demonstrieren
- die friedliche Revolution
- den Staat reformieren

4. Weimar zwischen gestern und heute

Studentenstadt Weimar
- der Bauhaus-Uni-Campus
- der / die Student/in = der / die Studierende
- die Gemeinschaft
- die Studentenschaft
- kurze Wege haben
- viel Platz für Kreativität haben
- die Hochschule für Musik Franz Liszt besuchen
- ein entspannter Lifestyle
- vielfältige Angebote
- ein familiäres Ambiente

3. Das Bauhaus

Architektur und Design
- moderne Architektur
- schönes Design
- bunte Figuren
- rund
- eckig
- quadratisch
- modular
- gerade Linien
- primäre Farben

1 Weimar, ein Kulturmagnet. **Complète le texte à l'aide des éléments ci-dessous.**

a. Werke veröffentlichen **b.** kulturellen Mittelpunkt **c.** große Denker **d.** das Herzogtum

Als der Mann von Anna Amalia starb, war ihr Sohn Karl-August noch ein Kind. Anna Amalia musste also **... (1)** regieren. Die Herzogin versammelte **... (2)** am Weimarer Hof. Sie konnten sich austauschen und viele **... (3)**. So wurde Weimar schnell zum **... (4)** Deutschlands.

2 Eine Zeit voller Kontraste. **Relie chaque complément au verbe qui convient.**

1. Reparationen	**a.** nehmen
2. Unzufriedenheit	**b.** stehen
3. Einfluss	**c.** zahlen
4. vor dem Bankrott	**d.** stehen
5. Schlange	**e.** suchen
6. Zuflucht	**f.** verursachen

3 Avantgarde in Weimar. **Trouve l'intrus et justifie ton choix.**

1. modern • visionär • konformistisch • interdisziplinär
2. bunt • monoton • kontrastvoll • originell
3. Zukunftsvision • Utopie • Perspektive • Renaissance
4. Architektur • Informatik • Design • Malerei
5. Aufbruch • Wandel • Rückkehr • Experiment

4 Weimar im Wandel der Zeit. **En t'aidant de la carte mentale, trouve les mots correspondant aux définitions suivantes.**

1. Das ist die Zeit zwischen 1919 und 1933 in Deutschland.
2. Das ist die Zeit zwischen 1933 und 1945 in Deutschland.
3. Das ist die Zeit zwischen 1949 und 1990 in Ostdeutschland.
4. Das ist die Übergangszeit 1989/1990 in Deutschland.

5 Alles Adjektive. **En t'aidant de la carte mentale, trouve des adjectifs derivés des noms ci-dessous.**

1. die Literatur
2. die Kreativität
3. die Demokratie
4. die Modernität
5. die Familie
6. die Entspannung

3 Deutsch macht Spaß!

A. Sieh dir die Illustration und die Beschriftung (S. 53) an. Beschreibe die Szene.

B. Lies die Ballade und ordne jeder Strophe die passende Aussage zu.

Prof. 17

C. Hör nun das Gedicht an und lies mit.

D. Bildet Gruppen und lest die Ballade mit verteilten Rollen vor.

- **a.** Fräulein Kunigunde provoziert den Ritter, der sie liebt.
- **b.** Die Leoparden haben auch Angst vor dem Löwen.
- **c.** Das königliche Publikum ist gespannt.
- **d.** Der Tiger hat Angst vor dem Löwen.
- **e.** Ein Handschuh fällt zwischen die wilden Tiere.
- **f.** Ein wilder Tiger kommt dazu.
- **g.** Kunigunde freut sich, aber der Ritter liebt sie nicht mehr und geht.
- **h.** Der gefährliche Löwe kommt in den Zwinger.
- **i.** Der mutige Ritter rettet den Handschuh.

Der Handschuh

Johann Friedrich Schiller, 1798

Vor seinem Löwengarten, (1)
Das Kampfspiel zu erwarten,
Saß König Franz,
Und um ihn die Großen der Krone,
Und rings auf hohem Balkone
Die Damen in schönem Kranz.

Und wie er winkt mit dem Finger, (2)
Auf tut sich der weite Zwinger[1],
Und hinein mit bedächtigem Schritt
Ein Löwe tritt,
Und sieht sich stumm
Ringsum,
Mit langem Gähnen,
Und schüttelt die Mähnen,
Und streckt die Glieder,
Und legt sich nieder.

Und der König winkt wieder, (3)
Da öffnet sich behend
Ein zweites Tor,
Daraus rennt
Mit wildem Sprunge
Ein Tiger hervor.

Wie der den Löwen erschaut, (4)
Brüllt er laut,
Schlägt mit dem Schweif[2]
Einen furchtbaren Reif,
Und recket die Zunge,
Und im Kreise scheu
Umgeht er den Leu
Grimmig schnurrend;
Drauf streckt er sich murrend
Zur Seite nieder.

Und der König winkt wieder, (5)
Da speit das doppelt geöffnete Haus
Zwei Leoparden auf einmal aus,
Die stürzen mit mutiger Kampfbegier
Auf das Tigertier,
Das packt sie mit seinen grimmigen Tatzen,
Und der Leu mit Gebrüll
Richtet sich auf, da wird's still,
Und herum im Kreis,
Von Mordsucht heiß,
Lagern die greulichen Katzen.

Da fällt von des Altans Rand (6)
Ein Handschuh von schöner Hand
Zwischen den Tiger und den Leun
Mitten hinein.

[1] **der Zwinger** la cage

[2] **der Schweif** la queue

Und zu Ritter Delorges spottenderweis[3] 7
Wendet sich Fräulein Kunigund:
»Herr Ritter, ist Eure Lieb so heiß,
Wie Ihr mir's schwört zu jeder Stund,
Ei, so hebt mir den Handschuh auf.«

Und der Ritter in schnellem Lauf 8
Steigt hinab in den furchtbarn Zwinger
Mit festem Schritte,
Und aus der Ungeheuer Mitte
Nimmt er den Handschuh mit keckem Finger.

Und mit Erstaunen und mit Grauen 9
Sehen's die Ritter und Edelfrauen,
Und gelassen[4] bringt er den Handschuh zurück.
Da schallt ihm sein Lob aus jedem Munde,
Aber mit zärtlichem Liebesblick –
Er verheißt ihm sein nahes Glück –
Empfängt ihn Fräulein Kunigunde.
Und er wirft ihr den Handschuh ins Gesicht:
»Den Dank, Dame, begehr[5] ich nicht«,
Und verläßt[6] sie zur selben Stunde.

[3] **spottenderweise** d'un ton moqueur
[4] **gelassen** nonchalamment
[5] **begehren** désirer, convoiter
[6] **jemanden verlassen** quitter quelqu'un

↑ Der Handschuh © W. Jury, 1809

Aussprachetraining

A. EI und IE

Prof. 18 Élève 10

Hör zu und sprich nach.

1. Weimar • Wiesbaden
2. die Weise • die Wiese
3. die Freiheit • der Frieden
4. die Zeitschrift • der Brief
5. die Zeit • das Ziel
6. die Gemeinschaft • die Unzufriedenheit

B. W, V oder F?

Prof. 19 Élève 11

Hör zu und notiere die fehlenden Buchstaben in deinem Heft.

1. ein produkti☒er Brief☒echsel
2. die ☒eimarer ☒er☒assung
3. kreati☒ ☒irken
4. ☒iel☒ältige Angebote haben
5. ein ☒antastisches ☒ersuchslabor
6. z☒ischen ☒irtschaftskrise und ☒errücktem Künstlerleben

Zwischenstopp 1

Je **prépare** ma tâche finale

Unser Flyer über die Weimarer Klassik
Wir erstellen einen Flyer über die berühmtesten Persönlichkeiten der Weimarer Klassik.

1. ***Nous formons des groupes de trois.***
2. ***Nous nous accordons sur les personnages à présenter ce parmi ceux que nous avons découverts dans la première partie de l'unité.***
3. ***Nous déterminons les informations qui nous paraissent indispensables à la présentation de nos personnages.***
4. ***Nous recherchons sur Internet des images représentant nos personnages, ainsi que les informations nécessaires à la rédaction des fiches d'identité (Steckbrief).***
5. ***Nous élaborons notre prospectus, en veillant à soigner la présentation et en prévoyant une brève introduction de la période.***

Zwischenstopp 2

Je **prépare** ma tâche finale

Quiz über die Zeit der Weimarer Republik
Wir erstellen ein Quiz über die Weimarer Republik und spielen es in der Klasse.

1. ***Chacun rédige cinq questions concernant la période de la république de Weimar en Allemagne.***
   - *Il s'agit de rédiger les questions avec des mots simples : les réponses doivent être difficiles à trouver, mais les formulations faciles à comprendre.*
   - *Réfléchissez : quelles questions vont pouvoir mettre en difficulté vos camarades ?*
2. ***Nous proposons pour chaque question trois réponses possibles.***
3. ***Nous échangeons nos quiz.***
4. ***Chacun répond aux questions du quiz de l'un de ses camarades. Celui-ci attribue autant de points que de bonnes réponses.***

Unser Projekt

Je réalise ma tâche finale

Stadtführungen für Jugendliche
Wir planen thematische Stadtführungen durch Weimar.

1 *En plénière, nous déterminons les périodes de l'histoire de la ville de Weimar que nous souhaitons faire découvrir à notre public adolescent.*

2 *Nous constituons des groupes. Chaque groupe tire au sort l'une des cinq périodes suivantes :*

- *Die Weimarer Klassik*
- *Die Weimarer Republik*
- *Das Bauhaus in Weimar*
- *Weimar in der DDR*
- *Weimar heute*

3 *Nous décidons des monuments, des personnages et des événements à présenter ainsi que du titre à donner à NOTRE visite guidée. Il s'agit de susciter la curiosité du public.*

4 *Nous recherchons des images et photos sur internet pour rendre notre visite guidée plus parlante et plus attrayante.*

5 *Ensemble, nous rédigeons les commentaires pour chaque étape de la visite, puis nous nous partageons la parole, de manière à ce que tous puissent intervenir.*

6 *Chacun s'approprie son texte et s'entraîne à le dire. Les autres l'aident à améliorer la prononciation, la prosodie, l'intonation, ainsi que la posture et la gestuelle. Nous nous entraînons également à intégrer à notre présentation les supports visuels que nous avons choisis.*

4 Fantasiewelten …

Les jeunes germanophones ont-ils un imaginaire qui leur est propre ?

1

Eragon

2

Hänsel und Gretel

3

Der Herr der Ringe

4

Maleficent – Die dunkle Fee

5

Loreley

Schritt 1
Die Natur als Inspiration

Zwischenstopp 1
Fantasiewelten-Spiel

Schritt 2
Bücher öffnen Welten

Zwischenstopp 2
Leselust

Schritt 3
Fantasie und Kreation

Unser Projekt
Wir lassen unserer Fantasie freien Lauf

6

Game of Thrones

7

Siegfried

© Alex Alice / Splitter

8

Die unendliche Geschichte

© Thienemann-Esslinger Verlag GmbH

A. Sieh dir die Bilder an. Kennst du diese Sagen, Filme, Serien, Bücher und Figuren? Woher? Sind sie alle von deutschsprachigen Autoren?

Game of Thrones ist ...

B. Lies die Beschreibungen. Ordne dann die Texte den Bildern zu.

a. US-amerikanische Fantasy-Serie. Die Handlung spielt in einer fiktiven Welt. Zahlreiche Figuren und Themen wie Politik, Kriege und Religionen kommen in der komplexen Handlung vor.

b. Amerikanischer Film aus den Walt-Disney-Studios. Der Film basiert auf dem Märchen *Dornröschen*.

c. Fantasy-Buchreihe für Jugendliche. Der Originaltitel lautet *Inheritance Cycle*. Es geht um die Abenteuer eines Drachenreiters und seines Drachen Saphira.

d. Märchen aus den *Kinder- und Hausmärchen* der Brüder Grimm.

e. Die germanische Sage wird von dem französischen Comiczeichner neu interpretiert. Er findet neue Wege, um die Legende zu erzählen.

f. Film-Trilogie, die auf einem Roman von J.R.R. Tolkien basiert. Die Filme und das Buch erzählen die Geschichte eines Rings, der vernichtet werden soll.

g. Deutsche Sage über eine Nixe im Rhein. Sie lenkt durch ihren Gesang und ihre Schönheit die Schiffer ab. Durch die gefährliche Strömung im Fluss sterben die Schiffer.

h. Bildungsroman, der 1979 erschienen ist. Die Handlung spielt in einer Parallelwelt, die „Phantásien" heißt und die vom „Nichts" bedroht wird, weil Menschenkinder nicht mehr so oft lesen.

C. Was zeichnen diese Fantasiewelten (Handlungsorte, Figuren, Themen, ...) aus? Tauscht euch aus.

➡ Arbeitsheft S. 40

1. Wald, ... ➜ Arbeitsheft S. 41

Prof. 21 **A. Hör dir den Beitrag des professionellen Märchenerzählers Karlheinz Schudt an. Was bedeutet der Wald für die Märchen?**

↑ Audiobeitrag mit freundlicher Genehmigung © Karlheinz Schudt, www.maerchenfest.de / www.maerchen-erzaehler.de

B. Lies die folgenden Auszüge. Welche Rolle spielt der Wald in diesen Märchen?

1 Hänsel und Gretel

Vor einem großen Walde wohnte ein armer Holzhacker mit seiner Frau und seinen zwei Kindern [...]. Wie er sich nun Abends [...] im Bette Gedanken machte und sich vor Sorgen herumwälzte, seufzte er [...]: „Wie sollen wir unsere armen Kinder ernähren, da wir für uns selbst nichts mehr haben?“ [...] Da antwortete die Frau: „Wir wollen morgen in aller Frühe die Kinder hinaus in den Wald führen, wo er am dicksten ist: Da machen wir ihnen ein Feuer an und geben jedem noch ein Stückchen Brot; dann gehen wir an unsere Arbeit und lassen sie allein. Sie finden den Weg nicht wieder nach Haus, und wir sind sie los.“

2 Die sechs Schwäne

Es jagte einmal ein König in einem großen Wald [...]. Als der Abend herankam, hielt er still und blickte sich um; da sah er, daß er sich verirrt hatte. Er suchte einen Ausgang, konnte aber keinen finden. Da sah er eine alte Frau mit wackelndem Kopfe, die auf ihn zukam; das war aber eine Hexe. „Liebe Frau, [...] könnt Ihr mir nicht den Weg durch den Wald zeigen?“ „O ja, Herr König, [...] aber es ist eine Bedingung[1] dabei: Wenn Ihr die nicht erfüllt, so kommt Ihr nimmermehr aus dem Wald heraus und müsst darin Hungers sterben.“

3 Der Wolf und die sieben Geißlein

Es war einmal eine alte Geiß, die hatte sieben junge Geißlein [...]. Eines Tages wollte sie in den Wald gehen und Futter holen, da rief sie alle sieben herbei und sprach: „Liebe Kinder, ich will hinaus in den Wald, seid auf der Hut[2] vor dem Wolf; wenn er hereinkommt, so frisst er euch alle mit Haut und Haar. Der Bösewicht verstellt sich[3] oft, aber an seiner rauen Stimme und an seinen schwarzen Füßen werdet ihr ihn gleich erkennen.“

[1] **die Bedingung** la condition
[2] **auf der Hut sein** se tenir sur ses gardes
[3] **sich verstellen** simuler

↑ Jacob und Wilhelm Grimm, *Kinder- und Hausmärchen*, Verlag von Otto Hendel, 1812

Märchen, Sagen und Legenden ➜ p. 66

C. Welche typischen Figuren kommen im Märchenwald vor? Tauscht euch aus.

Ich denke, ...

2. Berg ... ➜ Arbeitsheft S. 42

A. Sieh dir das Buchcover und die Illustration (S. 59) an. Worum geht es wohl?

↑ © HELVETIQ

B. **Lies nun die Sage über die Entstehung des Matterhorns. Waren deine Hypothesen richtig? Welche Rolle haben die Riesen dabei gespielt?**

Wissen Sie, wie die Alpen entstanden sind? Die Wissenschaftler würden sagen, dass es mit der Plattentektonik zu tun hat ... Aber glaubt ihnen nicht! Ich erzähle euch, wie es dazu kam.

Vor langer, langer Zeit lebten alle auf der Erde glücklich zusammen. Damals gab es auch Riesen, die so groß waren, dass sie mit dem Kopf bis in die Wolken ragten. Für sie waren die Berge so klein wie Steine. Wenn sie sich auf einen Berg setzten, dann landeten ihre Füße ganz unten im Tal. Sie konnten mit einem Finger einen Fluss ableiten oder mit einem Fuß einen Wald zertreten. Wenn einer hinfiel, dann entstand ein Tal.

Einer dieser Riesen war oft in der Schweiz unterwegs. Sein Name war Cervin. Eines Tages beschloss er, über die Berge zu steigen und einen Freund zu besuchen. Er war aber viel zu schwer für das Gebirge, so dass es zwischen seinen Beinen zerbröckelte. Nur eine riesige Spitze blieb stehen. Und diese majestätische Spitze ist heute dank ihrer perfekten Form in der ganzen Welt als Cervin oder Matterhorn bekannt.

↑ © HELVETIQ

C. **Kennst du eine andere Schweizer Geschichte, die in den Bergen spielt?**

Le Mont Cervin est la montagne représentée sur le logo du chocolat Toblerone :

Exprimer la conséquence avec so ..., dass ... ➜ p. 64

3. ... und Fluss ➜ Arbeitsheft S. 43

A. **Sieh dir das Gemälde an. Was siehst du? Beschreibe.**

B. **Hör dir den Beitrag über die Legende vom Rheingold an und mach dir Notizen zu den folgenden Fragen.** Prof. 22

a. Was ist das Rheingold?
b. Wer bewacht es?
c. Was passiert, wenn man das Rheingold nimmt?

↑ *Das Rheingold* © Hans Thoma, 1889

C. **Inwiefern gehören Wald, Berg und Fluss zur Mythologie der deutschsprachigen Länder und warum? Tauscht euch aus.**

Zwischenstopp 1 ➜ p. 70

Wir überlegen uns ein Spiel über die Märchen, Sagen und Legenden der deutschsprachigen Welt.

1. Leselustige Jugendliche ➔ Arbeitsheft S. 44

Leseleidenschaft ➔ p. 66

A. Lies die folgenden Blogeinträge über einige Bestseller unter Jugendbüchern. Worum geht es in jedem Buch?

Ina, 14 Jahre
Elena und ihre Freundin Melike retten ein armes Pferd vor dem Tod und suchen seinen Besitzer. Doch der ist tot (ganz mysteriös gestorben) und so beginnt eine aufregende und gefährliche Suche nach den Verbrechern[1]. Ich finde dieses Buch einfach toll. Es geht sowohl um Freundschaft als auch um Pferde, und das ist einfach die perfekte Mischung! Ich bin eigentlich keine Leseratte, aber mit diesem Buch hatte ich richtig viel Spaß beim Lesen. Ich habe es in nur zwei Tagen durchgelesen und war am Ende richtig traurig, dass es zu Ende war.

Sara, 16 Jahre
Ich finde dieses Buch von Ursula Poznanski sehr spannend. Die Hauptfigur, Timo, muss nach einem schweren Unfall in ein Rehazentrum[2], wo viele seltsame Dinge geschehen und es für ihn sehr gefährlich wird. Bei so vielen überraschenden Wendungen kann man das Buch einfach nicht aus der Hand legen – ich habe es in einem Rutsch gelesen und die Welt um mich her vergessen. Sehr gut gefällt mir auch das Cover. Die Zeichnung ist originell und macht neugierig ...

Benedict, 15 Jahre
Der Klassiker *Die unendliche Geschichte* ist ein Muss für Fantasy-Fans, genauso wie *Harry Potter* oder *Eragon*. Bastian, der Held, landet durch ein magisches Buch in einer Welt, die „Phantásien" heißt und die vom Untergang[3] bedroht wird. Die Geschichte ist sowohl unterhaltsam als auch spannend. Sie nimmt so sehr Fahrt auf, dass man das Buch nicht mehr zur Seite legen kann. Ich habe die ganze Nacht durch gelesen. Dadurch war ich zwar müde aber sehr zufrieden!

Leo, 14 Jahre
Drachenreiter ist ein Buch, das die abenteuerliche Reise des Drachen Lung erzählt. Lung ist auf der Suche nach dem „Saum des Himmels", einen magischen Ort für Drachen. Gemeinsam mit dem Koboldmädchen Schwefelfell und dem Waisenjungen Ben erlebt er viele Abenteuer ... Ich liebe dieses Buch, weil es von Freundschaft zwischen verschiedenen Lebewesen handelt. Aber auch die schönen Zeichnungen sind toll!

[1] **der Verbrecher** le criminel
[2] **das Rehabilitationszentrum** le centre de rééducation
[3] **der Untergang** la fin (du monde)

B. Aus welchen Gründen mögen diese Jugendlichen die Bücher? Erkläre.

C. Welches dieser Bücher findet ihr am interessantesten? Warum? Tauscht euch aus.

Exprimer la cause avec **da** ➔ p. 64

2. Das Buch aller Bücher ➡ Arbeitsheft S. 45

↑ Michael Ende: *Die unendliche Geschichte.* © 1979, 2019 von Thienemann in der Thienemann-Esslinger Verlag GmbH ↑

A. Lies den Romanauszug. Was ist Bastians größte Leidenschaft?

Als er [Bastian] den Einband[1] noch einmal genauer betrachtete, entdeckte er darauf zwei Schlangen, eine helle und eine dunkle, die sich gegenseitig in den Schwanz bissen und so ein Oval bildeten. Und in diesem Oval stand in eigentümlich verschlungenen Buchstaben der Titel: *Die unendliche Geschichte*. [...]

Es gibt so viele Leidenschaften, wie es verschiedene Menschen gibt. Für Bastian Baltasar Bux waren es die Bücher.

Wer niemals ganze Nachmittage lang mit glühenden Ohren und verstrubbeltem Haar über einem Buch saß und las und las und die Welt um sich her vergaß, nicht mehr merkte, dass er hungrig wurde oder fror –

Wer niemals heimlich beim Schein einer Taschenlampe unter der Bettdecke gelesen hat, weil Vater oder Mutter oder sonst irgendeine besorgte Person einem das Licht ausknipste mit der gutgemeinten Begründung[2], man müsse jetzt schlafen, da man doch morgen so früh aus den Federn sollte –

Wer niemals offen oder im geheimen bitterliche Tränen vergossen[3] hat, weil eine wunderbare Geschichte zu Ende ging und man Abschied nehmen musste von den Gestalten[4], mit denen man gemeinsam so viele Abenteuer erlebt hatte [...].

Wer nichts von alledem aus eigener Erfahrung kennt, nun, der wird wahrscheinlich nicht begreifen[5] können, was Bastian jetzt tat.

Er starrte auf den Titel des Buches, und ihm wurde abwechselnd heiß und kalt. Das, genau das war es, wovon er schon oft geträumt und was er sich, seit er von seiner Leidenschaft befallen[6] war, gewünscht hatte: eine Geschichte, die niemals zu Ende ging! Das Buch aller Bücher! Er musste dieses Buch haben, koste es, was es wolle!

[1] **der Einband** la couverture
[2] **die Begründung** la raison
[3] **bitterliche Tränen vergießen** pleurer à chaudes larmes
[4] **die Gestalt** le personnage
[5] **begreifen** comprendre
[6] **von einer Leidenschaft befallen sein** être passionné/e par qqch.

B. Warum ist dieses Buch für Bastian „das Buch aller Bücher"?

C. Wie geht die Geschichte wohl weiter? Schreibe einen kurzen Text.

D. Und du? Liest du gern? Warum (nicht)? Erkläre.

E. Welches Buch oder welche Bücher habt ihr zuletzt gelesen? Tauscht euch aus.

La relative introduite par **wer** ➡ p. 64

Exprimer le temps avec **wenn** ➡ p. 64

Zwischenstopp 2 ➡ p. 70

Ich erkläre, welches Buch ich gern lesen würde und warum.

Unsere Projekt
Wir lassen unserer Fantasie freien Lauf

1. Cornelia Funkes Lesekoffer ➜ Arbeitsheft S. 47

A. Wer ist Cornelia Funke? Lies die Biografie und erstelle einen Steckbrief.

- a. Name?
- b. Geburtsdatum?
- c. Beruf?
- d. Wohnort?
- e. Lieblingsbücher?
- f. Bücher, die sie geschrieben hat?
- g. Fabelwesen in ihren Büchern?

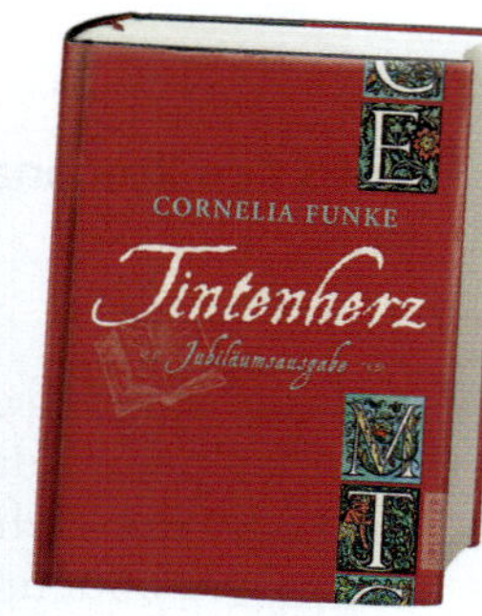

↑ © Dressler Verlag GmbH, Hamburg

↑ © Dressler Verlag / Joerg Schwalfenberg

Cornelia Maria Funke wurde am 10. Dezember 1958 geboren. Schon früh entdeckte sie die Welt der Bücher und liebte es, in der Stadtbücherei zu stöbern. Dort holte sie sich wöchentlich neuen Lesestoff und las unter anderem Robert Stevensons *Schatzinsel*, Rudyard Kiplings *Dschungelbuch*, Lewis Carrolls *Alice im Wunderland*, J.R.R. Tolkiens *Herr der Ringe* sowie Werke von Charles Dickens und Karl May.

So wie Meggie in *Tintenherz* hatte Cornelia einen Lesekoffer: Ihre Eltern schenkten ihr einen Bücherkoffer aus Pappmaschee. Dieser Koffer war immer dabei wenn sie verreiste, und sie packte ihre jeweiligen Lieblingsbücher hinein. Dazu gehörten bald auch *Pippi Langstrumpf* von Astrid Lindgren oder *Die unendliche Geschichte* von Michael Ende.

Während Cornelia mit ihrem zwei Jahre jüngeren Bruder Volker spielte, Geschichten schrieb und Sprachspiele erfand[1], las sie ihren sechs und dreizehn Jahre jüngeren Geschwistern Elmar und Insa vor, z. B. die Märchen von Hans Christian Andersen, die *Märchen aus 1001 Nacht* oder *Peter Pan*. Sie erfand auch eigene Geschichten. Am liebsten lauschte[2] sie aber den Geschichten und Märchen ihrer Großmutter.

Nach dem Abitur studierte Funke erst Sozialpädagogik und dann Buchillustration in Hamburg. 1986 machte Cornelia Funke sich als Buchillustratorin selbständig und schrieb an den Drehbüchern[3] für die ZDF-Kinderserie *Siebenstein* mit. Später entschied sie, selbst Bücher zu schreiben und zu illustrieren. Dabei ging es ihr vor allem darum, Texte zu haben, die zu den Bildern in ihrem Kopf passten – Fantasiewesen wie Feen, Drachen, Seenymphen oder Kobolde.

1988 erschien Funkes erster Roman *Die große Drachensuche* und nach vielen weiteren kurzen Geschichten erscheint 1997 *Drachenreiter*, Funkes erster großer Kinderroman. Mit dieser fantastischen Geschichte und *Herr der Diebe* (2000), sowie der mit Fabelwesen bevölkerten *Tintenherz*-Trilogie (2003-2007) wird Funke weltbekannt.

2005 zieht sie mit ihrer Familie von Hamburg nach Los Angeles. Sie engagiert sich für wohltätige und soziale Projekte, schreibt Drehbücher und hat einen eigenen Hörbuchverlag. Bis heute hat sie mehr als 50 Bücher geschrieben, die in 50 Sprachen übersetzt wurden, und ist mittlerweile die international erfolgreichste deutsche Kinderbuchautorin.

[1] **Sprachspiele erfinden** inventer des jeux de langue
[2] **lauschen** écouter avec attention
[3] **das Drehbuch** le scénario

B. In der Biografie ist die Rede von einem „Lesekoffer“. Was ist das? Welche Rolle hatte er in Funkes Leben? Tauscht euch aus.

C. Welche Bücher würdest du in deinen Lesekoffer packen? Erkläre.

Fantasie und Kreation ➜ p. 67

2. Der Fantasie freien Lauf lassen → Arbeitsheft S. 48

A. Sieh dir das Video an. Was ist wohl „jugend creativ"?

↑ *Trailer jugend creativ* © BVR

B. Sieh dir das Plakat an. Was ist das Ziel des 44. Wettbewerbs? Stelle Hypothesen auf.

C. Lies den Infotext zum 44. Internationalen Jugendwettbewerb. Waren deine Hypothesen richtig?

↑ © BVR

„Wir wollen junge Menschen dazu anregen, über ihre persönlichen Träume sowie gesellschaftlichen Utopien und Fantasiewelten nachzudenken und diese künstlerisch auszudrücken", erklärte der Präsident des Bundesverbandes der Deutschen Volksbanken und Raiffeisenbanken (BVR), Uwe Fröhlich, anlässlich des 44. Jugendwettbewerbs. Ziel des Wettbewerbs soll es sein, dem Mysterium Traum auf den Grund zu gehen und sich malerisch oder filmisch mit dem Thema und den eigenen Träumen zu beschäftigen. Schülerinnen und Schüler der 1. bis 13. Klassenstufe können in drei Disziplinen am Wettbewerb teilnehmen: Bildgestaltung (Klassen 1 bis 13), Kurzfilm (Klassen 5 bis 13) und Quiz (Klassen 1 bis 9). Malereien, Zeichnungen, Collagen oder Kurzfilme, die verschiedensten Techniken sind erlaubt. Dabei sind der Fantasie und Kreativität der Teilnehmerinnen und Teilnehmer keine Grenzen gesetzt.

↑ © obs / BVR Bundesverband der deutschen Volksbanken und Raiffeisenbanken

L'interrogative indirecte avec les **W-Fragen** et **ob** → p. 65

Prof. 23

D. Die Schirmherrin (*marraine*) des 44. Internationalen Jugendwettbewerbs spricht über Jugendliche und Fantasie. Hör dir das Interview an und beantworte folgende Fragen.

a. Was wünscht sich Cornelia Funke?
b. Was ist ihre Inspirationsquelle?

Unser Projekt → p. 71

Wir nehmen am Internationalen Jugendwettbewerb „Traumbilder" teil und erstellen ein Bild, ein Quiz oder ein Video.

Das brauchst du für dein Projekt!

1 Exprimer la conséquence avec so ..., dass ...

Die Riesen sind so groß, dass sie mit dem Kopf bis in die Wolken ragen.

On utilise l'adverbe **so** pour intensifier l'idée contenue dans l'adjectif qu'il précède. La phrase continue ensuite avec une subordonnée introduite par **dass**, qui indique la conséquence.

sodass (conj. de sub.) = « si bien que »
so ..., dass ... = (« si / tellement... que »)

2 Exprimer la cause avec da

Da es von einer Freundschaft handelt, findet Leo das Buch *Drachenreiter* toll.
Leo findet das Buch *Drachenreiter* toll, da es von einer Freundschaft handelt.

La conjonction **da** introduit une subordonnée de cause. Elle peut se traduire par « étant donné que ».
La subordonnée introduite par **da** occupe souvent la première position dans la phrase.

3 La relative introduite par wer

Wer es nicht erlebt hat, kann es nicht verstehen.

La proposition subordonnée relative introduite par **wer** (« celui qui ») occupe la première place dans la phrase. Attention de ne pas confondre le pronom interrogatif **wer** et le pronom relatif **wer**.

Rappelle-toi !
Dans une subordonnée, le verbe conjugué est à la fin.

4 Exprimer le temps avec wenn

Wenn Bastian liest, vergisst er die Welt um sich herum.

La conjonction de temps **wenn** s'utilise lorsque les faits se répètent. Elle signifie « toutes les fois que ». Comme dans toutes les subordonnées, le verbe conjugué est à la fin de la proposition.

wenn = **when** en anglais !

---

1 Im Märchen
Dans les contes, tout est amplifié. Construis des phrases en utilisant so ..., dass ... .

1. der Wolf + böse → Rotkäppchen fressen
2. das Rheingold + tief im Wasser liegen→ gut versteckt sein
3. der Wald + dunkel → gefährlich sein
4. der Riese + groß → Berge zerbröckeln
5. der Holzhacker + arm → seine Kinder aussetzen
6. Rotkäppchen + lieb → jeder es gern haben
7. Großmutter + krank → im Bett liegen

2 Leselust
Forme des phrases en utilisant da comme dans l'exemple.

1. Cornelia Funke: viele Ideen haben → viele Bücher schreiben und illustrieren
   Da Cornelia Funke viele Ideen hat, schreibt und illustriert sie viele Bücher.
2. Cornelia Funkes Bücher: in viele Sprachen übersetzt werden → international bekannt und erfolgreich sein
3. Roman *Tintenherz*: verfilmt werden → ein Bestseller sein
4. Buchcover: interessant sein → zum Lesen einladen

3 Guter Rat!
Des adolescents cherchent des recommandations sur un forum. Forme des conseils qui commencent avec Wer ..., comme dans l'exemple.

1. Ich möchte spannende Romane lesen. (die Spiegel-Bestseller-Liste ansehen!)
   Wer spannende Romane lesen will, muss ...
2. Ich mag Mystery-Serien. (die Serie *Dark* ansehen!)
3. Ich lese sehr gerne. (Cornelia Funkes Bücher lesen!)
4. Ich bin ein Fantasy-Fan. (*Die unendliche Geschichte* lesen!)

4 Wenn, wenn, wenn
Remets les éléments de chaque phrase dans l'ordre.

1. liest • , • Bastian • er • Wenn • ist • glücklich.
2. er • , • unbedingt haben. • Wenn • ein neues Buch entdeckt • es • Bastian • will
3. man • müde. • liest • durch • , • die ganze Nacht • ist • man • Wenn
4. um mich herum. • spannend • Wenn • ist • vergesse • ein Buch • ich • , • die Welt
5. traurig. • , • zu Ende geht • ich • ein Buch • bin • Wenn

5 L'interrogative indirecte avec les **W-Fragen** et **ob**

„Frau Funke, warum ist Fantasie wichtig?"
→ Der Journalist fragt Frau Funke, warum Fantasie wichtig ist.

„Hatten Sie schon immer so viel Fantasie?"
→ Er möchte wissen, ob sie schon immer so viel Fantasie hatte.

On utilise la forme interrogative indirecte pour rendre compte des questions que (se) pose quelqu'un ou que l'on (se) pose soi-même.

La proposition interrogative indirecte est alors introduite par un pronom interrogatif (**wer, was, warum, wie, weshalb, wann, wo** ...) ou par la conjonction de subordination **ob**.

ob = **if** en anglais !
Er fragt, ob sie Drachen mag.
He asks if she likes dragons.

5 A. Fragen über Fragen

Le journaliste pose des questions à Cornelia Funke. Que voudrait-il savoir ? Transforme les interrogatives directes en interrogatives indirectes.

1. Wann und wo wurden Sie geboren?
   Er möchte wissen, wann ...
2. Was war Ihr Lieblingsbuch?
3. Seit wann leben Sie in Los Angeles?
4. Wie ist das Leben in den USA?
5. Warum schreiben Sie nicht für Erwachsene?
6. Welche Ihrer Romanfiguren gefällt Ihnen am besten?

5 B. Noch mehr Fragen

Transforme les interrogatives directes en interrogatives indirectes.

1. Haben Sie früher viel gelesen?
   Er möchte wissen, ob ...
2. Haben Sie immer davon geträumt, Kinderbuchautorin zu werden?
3. Haben Ihre Kinder alle Ihre Bücher gelesen?
4. Möchten Sie lieber für Erwachsene schreiben?
5. Leben Sie lieber in den USA als in Deutschland?
6. Fehlt Ihnen Deutschland nicht?

Aussprachetraining

A. -B oder -D?

Prof. 24 Élève 13

Hör zu und notiere die fehlenden Buchstaben in deinem Heft.

1. erfan☒
2. o☒
3. bal☒
4. Wettbewer☒
5. Bil☒
6. Kobol☒
7. Wal☒
8. lie☒
9. Gol☒
10. Kin☒
11. Hel☒

B. -B oder -D?

Prof. 24 Élève 13

Hör noch einmal zu und sprich nach. Welche Regel kannst du ableiten?

C. Lange und kurze Vokale

Prof. 25 Élève 14

Hör zu und sprich nach. Achte dabei besonders auf die markierten Vokale. Welche Regel kannst du ableiten?

1. Sage • jagen • Tal • magisch • Roman
2. Macht • Hand • spannend • hacken • Wald • alt • romantisch • Drachen
3. hell • Welt • Ende • vergessen • Legende
4. lesen • Fantasiewesen • erleben
5. erfinden • verirren • witzig • Gebirge • Kind • Bild • Ring
6. Figur • originell • kreativ • Video
7. Gold • Stoff • toll • Holz • Wolf • Tochter • Kopf
8. groß • rot • Utopie • Autor
9. Fluch • Buch • mutig • Figur
10. Fluss • jung • Muss • verhungern • dunkel • Handlung • Rutsch

Das brauchst du für dein Projekt!

Fantasiewelten

1. Märchen, Sagen und Legenden

Märchen und Sagen
- das Märchen
- die Sage = die Legende
- der Wald
- unheimlich, dunkel
- die Gefahr
- sich verirren
- verhungern
- Holz hacken
- jagen
- das Gebirge = die Berge
- die Berge zertreten
- die Bergspitze
- das Tal
- der Fluss
- einen Goldschatz bewachen
- der Fluch
- der Ring
- die Liebe
- die Macht

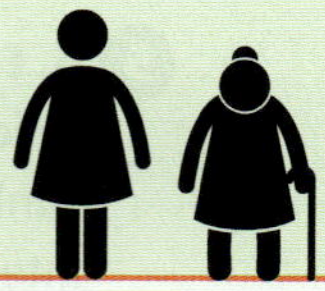

Kontraste
- jung ≠ alt
- schön ≠ hässlich
- dunkel ≠ hell
- böse ≠ lieb
- arm ≠ reich
- groß ≠ klein

Märchenfiguren
- das Rotkäppchen
- der böse Wolf
- die alte und kranke Großmutter
- der Holzhacker
- die Kinder
- der König
- die Hexe
- die Geiß und die sieben Geißlein
- der Held
- der Bösewicht
- der Riese
- die Rheintöchter
- die Nixe
- der Drache

2. Leseleidenschaft

Leseratten
- die Leseratte
- eine Leidenschaft haben
- heimlich mit der Taschenlampe lesen
- mit den Romanfiguren viele Abenteuer erleben
- Spaß am Lesen haben
- ein Buch nicht aus der Hand legen können
- ein Muss sein
- die Welt um sich herum vergessen
- ein Buch bis zum Ende / in einem Rutsch durchlesen
- die ganze Nacht durch lesen
- die Zeit vergessen

- originell
- abenteuerlich
- witzig
- unterhaltsam
- traurig
- romantisch
- magisch
- spannend ≠ langweilig

Bücher
- das Buch / der Roman
- Fantasy- / Abenteuer- / Mystery-Roman
- die Handlung
- die (Haupt-)Figur
- der / die Autor/in = der / die Schriftsteller/in
- von etwas / jemandem handeln
- um etwas / jemanden gehen
- ein tolles Cover
- schöne Zeichnungen
- überraschende Wendungen
- neugierig machen

Cornelia Funkes Welt
- die Bücherei
- der Lesestoff
- das Lieblingsbuch
- Geschichten schreiben / erfinden
- Märchen lesen / vorlesen
- Bücher illustrieren
- der Bestseller
- das Fantasiewesen
- die Fee
- der Kobold

3. Fantasie und Kreation

Kreativität
- kreativ sein
- viele Ideen haben
- sich etwas vorstellen
- viel / wenig Fantasie haben
- der Fantasie freien Lauf lassen
- die Welt verändern können
- glücklich und zufrieden
- Bilder und Geschichten im Kopf haben
- mutig sein = sich trauen = keine Angst haben

Fantasie
- die Fantasie
- der Traum
- die Utopie
- die Fantasiewelt
- eine Malerei / Zeichnung / Collage oder ein Video erstellen

1 Bücher und Märchen. **Trouve l'intrus et justifie ton choix.**

1. abenteuerlich • spannend • langweilig • überraschend
2. Spaß am Lesen haben • eine Leseratte sein • über einem Buch sitzen • kreativ sein
3. die Gefahr • der Rhein • der Wald • der Berg
4. die Fantasiewelt • der Traum • die Utopie • die Angst
5. der Bösewicht • der Wolf • der König • die Hexe

2 Gegenteile. **Trouve le contraire des expressions suivantes.**

1. liebe Kinder
2. ein spannendes Buch
3. wenig Fantasie haben
4. keine Angst haben

3 Was ist das? **Trouve le mot ou l'expression correspondant à chaque définition.**

1. vom Weg abkommen
2. der Ablauf einer Geschichte
3. kreativ sein
4. eine Person, die immer nur Bücher liest

4 Leidenschaften. **Associe chaque groupe nominal au verbe qui convient.**

1. keine Angst	**a.** vergessen
2. einen Schatz	**b.** haben
3. ein Buch	**c.** durchlesen
4. ein Abenteuer	**d.** bewachen
5. die Welt um sich herum	**e.** erleben

5 Fantasie **Complète le texte à l'aide des mots proposés.**

a. Träume **b.** Grenzen **c.** Angst **d.** Fantasie **e.** kreativer

Kinder und Erwachsene sollten niemals **... (1)** davor haben, ihre Fantasie zu benutzen. Denn je **... (2)** man ist, umso glücklicher und zufriedener lebt man. Der **... (3)** freien Lauf zu lassen ist ganz einfach: Man muss nur ein bisschen auf die Welt um sich herum achten. Man kann seine **... (4)** verarbeiten, aber auch seine Hoffnungen und Ängste. Und man kann das auf viele verschiedene Arten und Weisen tun, zum Beispiel malen, schreiben, tanzen oder filmen. Der Kreativität sind keine **... (5)** gesetzt!

KREATIVE SCHREIBWERKSTATT:
Lies die Anweisungen und schreib deine Geschichte!

DU BRAUCHST

EINEN WÜRFEL!

Mithilfe dieses Würfels wirst du bald eine ganz neue Person gezaubert haben. Würfle zweimal und füge die beiden Augenzahlen zusammen: 5 & 4 = 54 Jahre. Das ist das Alter deiner Person.

Kuick/Karlsson, *Schreib! Schreib! Schreib!* © 2016 Beltz & Gelberg in der Verlagsgruppe Beltz · Weinheim Basel

So weit, so gut. Das war der einfache Teil.
Jetzt ist es an der Zeit, ganz ohne Würfel oder andere Hilfsmittel zu schreiben – nur mit deiner Fantasie, und zwar:

DIE WAHRE GESCHICHTE VON ...

oder vielleicht:

Die wahre Geschichte von ...

oder

DIE WAHRE GESCHICHTE VON ...

4

Zwischenstopp 1

Je **prépare** ma tâche finale

Fantasiewelten-Spiel
Wir überlegen uns ein Spiel über die Märchen, Sagen und Legenden der deutschsprachigen Welt.

1 *Nous formons des groupes de deux ou trois.*

2 *Nous mettons en commun nos idées de questions concernant les contes et légendes du* **Schritt 1**.

3 *Nous formulons les questions et les réponses en allemand.*

4 *Notre jeu peut prendre différentes formes.*
Il peut s'agir :

– d'un Dobble
– d'un LearningApp
– d'un quiz élaboré sur Kahoot ou
– de mots croisés.

Place à la créativité !

5 *Nous jouons tous ensemble aux jeux que nous avons créés. Nous pouvons aussi les transmettre aux camarades d'une classe parallèle.*

Zwischenstopp 2

Je **prépare** ma tâche finale

Leselust
Ich erkläre, welches Buch ich gern lesen würde und warum.

1 *Je relis les posts des quatre blogueurs à la page 60 du* **Schritt 2** *et je choisis le livre qui me parle le plus.*

2 *Je relève toutes les informations qui me donnent envie de le lire.*

3 *Je poste un commentaire sur le blog pour faire part de mon intérêt pour ce livre. Je m'adresse au blogueur qui en a parlé.*

Unser Projekt

Je réalise ma tâche finale

Wir lassen unserer Fantasie freien Lauf
Wir nehmen am Internationalen Jugendwettbewerb „Traumbilder" teil und erstellen ein Bild, ein Quiz oder ein Video.

1 *Nous formons des groupes de quatre.*

2 *Nous listons tout ce que nous avons découvert dans cette unité sur l'imaginaire germanophone. Nous comparons cet imaginaire avec le nôtre : nous notons les similitudes et les différences.*

3 *Nous choisissons l'option qui nous inspire le plus : un collage, un quiz ou une vidéo. Quel est le format le mieux adapté à notre sujet et susceptible de provoquer le plus d'intérêt ?*

4 *Il nous faut informer de manière précise, en citant des exemples parlants. Parmi les nombreuses informations fournies dans l'unité, à nous de choisir celles qui nous semblent les plus importantes ou les plus éclairantes.*

5 *Notre réalisation doit également être attrayante et se démarquer des autres. Quelle sera la présentation la plus réussie ?*

6 *Nous prenons connaissance des différentes productions et nous nous prononçons pour celles que nous trouvons les plus réussies.*

5 Typisch deutsch?

L'Allemagne, pays des diversités ?

1

2

3

4

5

6

Schritt 1
Trautes Heim …

Zwischenstopp 1
Unsere perfekte WG

Schritt 2
Lecker, oder?

Zwischenstopp 2
Verabredung im Restaurant

Schritt 3
Jede Menge Bewegung

Unser Projekt
Die vielen Gesichter Deutschlands

5

7

8

9

10

11

12

A. Sieh dir die Bilder an. Was ist deiner Meinung nach „typisch deutsch"? Hast du noch andere Ideen?

Prof. 27 **B.** Hör dir die Radiosendung an. Was sagen die befragten Personen über Deutschland? Mach dir Notizen.

13

Prof. 27 **C.** Was bedeutet „Heimat" für die Befragten? Hör dir die Umfrage noch einmal an und wähl eine passende Definition aus.

a. Heimat ist der Ort, wo man geboren ist.

b. Heimat ist der Ort, wo man arbeitet.

c. Heimat ist der Ort, wo man sich zu Hause fühlt.

d. Heimat ist für jeden Menschen etwas anderes.

D. Woran denkst du, wenn du an deine Heimat denkst?

➡ Arbeitsheft S. 52

Zwischenstopp 1
Unsere perfekte WG

1. ... Glück allein? ➔ Arbeitsheft S. 53

A. Bildet zwei Gruppen, A und B. Jede Gruppe bearbeitet die Fragen zu einem Dokument (A oder B).

Zur Infografik A:
Welche der folgenden Aussagen sind richtig?

a. Die Befragten mögen helle Wände.
b. Holzböden sind nicht beliebt.
c. Die Deko ist ein Mix aus verschiedenen Stilen.
d. 57 % der Befragten haben ihr Haus gekauft.
e. Die Befragten mögen nur alte Möbel.

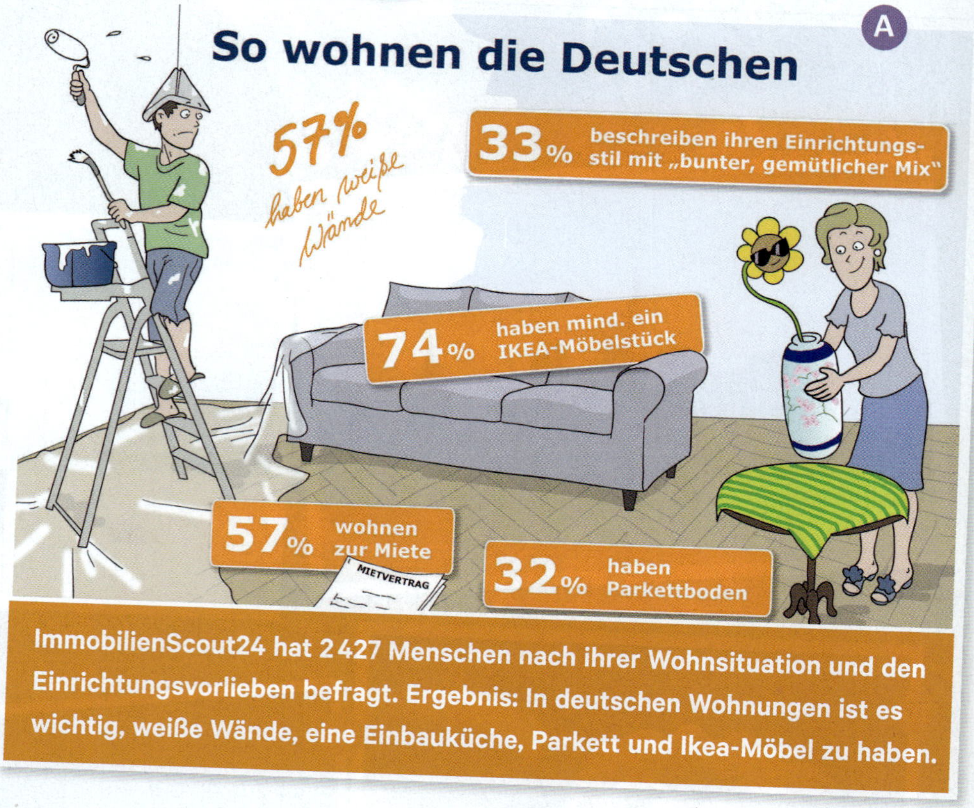

↑ © obs/ImmobilienScout24, 2017

Zur Wohnstudie B:

a. Was ist für die Deutschen beim Wohnen am wichtigsten?
b. Welche weiteren Informationen stehen im Text?

B Hauptsache, gemütlich!

Die Deutschen wohnen gern gemütlich. Was heißt das? Geht es darum, wie man wohnt, wie man sich einrichtet, was man zu Hause macht? Die Antwort ist gar nicht so einfach, denn bei der Gemütlichkeit zählt alles. Und wenn es um das Zuhause geht, macht das sowieso jeder auf seine Art.

Was aber generell gilt: Die Deutschen sind gern zu Hause. Sie lieben es, den Garten oder die eigene Wohnung zu verschönern. Sie laden gern Freunde oder Verwandte zum Essen oder zu Kaffee und Kuchen ein. Natürlich braucht man Platz dazu, aber das ist nicht das Wichtigste. Viel wichtiger ist es, dass sich alle wohl fühlen.

Dazu müssen die Wohnungen praktisch sein: keine teuren Designer-Möbel, sondern lieber billigere, die einfach auszuwechseln[1] sind, wenn sie kaputtgehen. Große Fenster und helle Wände sind wichtig, um das Tageslicht gut auszunutzen.

Es ist wichtig, in einer komfortablen und praktischen Wohnung zu leben. Weil man nicht weiß, ob man morgen noch genauso leben möchte wie heute, wohnt man am liebsten zur Miete. Dann kann nichts schiefgehen!

[1] **auswechseln** remplacer

L'Allemagne est le pays d'Europe où l'on trouve le moins de propriétaires : près de 50 % des ménages habitent en location. Qu'en est-il en France ?

Ein gemütliches Zuhause ➔ p. 82

Le groupe infinitif complément avec **zu** ➔ p. 80

B. Stellt der anderen Gruppe eure Ergebnisse vor.

C. Gibt es Gemeinsamkeiten mit Frankreich? Was ist für die Deutschen wichtig? Und für die Franzosen? Und für dich persönlich? Tauscht euch aus.

Für die Deutschen / Für die Franzosen /
Für mich ist es wichtig, (…) zu …

2. Anders wohnen ➡ Arbeitsheft S. 54

Prof. 28

A. Hör dir die Radioreportage an. Worum geht es? Welche Überschriften passen deiner Meinung nach am besten? Warum?

a. Ein typisch deutsches Wohnprojekt

b. Nicht allein in der Großstadt

c. Student? Wenig Geld? Eine WG ist die Lösung!

d. Die Wohnung teilen für ein besseres Studentenleben!

10

B. Sieh dir das Video an. Wie wohnen die Leute? Mach dir Notizen zu den folgenden Fragen.

a. Wie viele Personen leben in der WG?
b. Was bedeutet die WG für die Mitbewohner?
c. Was sind die Vorteile für die Mitbewohner?

↑ *Familie mal anders*, Eberhard Karls Universität Tübingen, 2016

11

C. Sieh dir nun das zweite Video an. Worin besteht das Konzept „Wohnen für Hilfe“? Was ist daran besonders interessant?

↑ *Wohnen für Hilfe*, AStA Hochschule Rhein-Waal, 2016

Zusammen wohnen ➡ p. 82

Exprimer le souhait avec le subjonctif II ➡ p. 80

D. Würdest du auch gern in einer WG wohnen? Warum (nicht)? Begründe deine Antwort.

Ich wäre (nicht) gern …
Ich würde (nicht) gern …

Zwischenstopp 1 ➡ p. 86

Wir denken uns eine perfekte WG aus und präsentieren sie in der Klasse, um Mitbewohner/innen zu finden.

Zwischenstopp 2
Verabredung im Restaurant

1. Ab in die Küche! → Arbeitsheft S. 56

A. **Was fällt dir ein, wenn du an die deutsche Gastronomie denkst? Welche Spezialitäten kennst du? Tauscht euch aus.**

PÉDAGOGIE DIFFÉRENCIÉE

B. **Bildet drei Gruppen. Jede Gruppe liest einen Textabschnitt (1, 2 oder 3) und informiert dann die anderen Gruppen über den Inhalt.**

C. **Findet nun gemeinsam für jeden Textabschnitt eine passende Überschrift.**

a. Einfluss von den Nachbarländern

b. Von der Imbissbude zum Sterne-Restaurant

c. Typisch oder Klischee?

Deutsche Gastronomie: mehr als Brot und Bier

1 Bei Frankreich denken einige von Ihnen vielleicht an Wein, bei Italien an Pasta, bei Japan an Sushi – aber was fällt Ihnen zur deutschen Küche ein? Eisbein mit Sauerkraut? Weißwürste? Spätzle? Ja und nein.

Ja, weil die deutsche Küche tatsächlich so deftig[1] sein kann wie ein gepökeltes Eisbein[2]. Und nein, weil es „die" deutsche Küche gar nicht gibt – sie wandelt sich [...] und sie unterscheidet sich von Region zu Region und ist damit ungefähr so divers wie die Palette an Bier- und Brotsorten. In Deutschland legt man viel Wert auf gutes Brot, es gibt daher rund 300 verschiedene Brotsorten – mehr als irgendwo sonst auf der Welt. [...] Dass es in Deutschland mehr als 1300 Brauereien[3] gibt, die zusammen über 7500 verschiedene Biere brauen – auch das macht uns kein anderes Land nach.

2 Manche sagen, die deutsche Küche habe auch deshalb einen so starken regionalen Charakter, weil die Bundesrepublik gleich an neun andere Staaten grenzt und von jedem etwas übernommen hat. Da ist etwas dran.

Im Saarland zum Beispiel ist der Einfluss[4] der französischen Küche unverkennbar [...]. Die Küche in Schleswig-Holstein und Hamburg wiederum hat die eine oder andere Gemeinsamkeit mit der dänischen [...]. In Bayern steht vielfach der österreichische Palatschinken als Dessert auf der Speisekarte [...].

3 So ist sie also, die deutsche Küche: divers. Hier findet jeder etwas für seinen Geschmack. Gelegenheiten, abwechslungsreich[5] zu essen, gibt es jedenfalls genug.

Allein in der Hauptstadt Berlin findet man über Internetportale fast 190 italienische Restaurants, hinzu kommen 64 französische Restaurants, 36 indische, 30 spanische, 29 chinesische, 26 griechische, 23 thailändische, 10 mexikanische, 8 russische und und und. Die Hunderten Imbisse, Cafés und Kneipen mit ausländischer Küche sind da noch nicht einmal mitgezählt.

Insgesamt gibt es in Deutschland rund 125 000 Restaurants, Gaststätten und Cafés – da ist für jeden etwas dabei. Und zwar auch für Feinschmecker. Laut der Gourmet-Bibel Guide Michelin hatte Deutschland im Jahr 2015 insgesamt 282 Sterne-Restaurants – mehr als je zuvor. Außerdem ist Deutschland nach Frankreich das Land mit den meisten Drei-Sterne-Restaurants in Europa.

† Aus: Make it in Germany, www.make-it-in-germany.com

[1] **deftig** consistant/e
[2] **gepökeltes Eisbein** jarret de porc salé
[3] **die Brauerei** la brasserie
[4] **der Einfluss** l'influence
[5] **abwechslungsreich** de manière variée

D. **Was wusstest du schon? Was hast du erfahren? Berichte.**

Adjectif attribut / adjectif épithète → p. 81

2. Ich esse, also bin ich ➜ Arbeitsheft S. 58

Essgewohnheiten ➜ p. 82

A. Sieh dir das Foto rechts an und lies den Text. Was haben die beiden Dokumente gemeinsam? Was zeigen sie?

Nach einer Berechnung des Vegetarierbundes Deutschlands (VEBU) werden in der Bundesrepublik im Durchschnitt jede Woche etwa 4 000 Menschen zu Vegetariern. Besonders Jugendliche entscheiden sich für diese Art der Ernährung.

In Europa hat Deutschland die meisten Vegetarier: ca. 6,6 Millionen, d.h. rund 8 % der Bevölkerung [...], gefolgt von Italien (ca. 5,7 Mio., rund 10 %), Großbritannien (ca. 3,6 Mio., rund 6 %), Irland (6 %), den Niederlanden (4,3 %), Spanien (4 %), Schweden, Österreich und der Schweiz (je 3-4 %).

In den USA leben schätzungsweise ebenfalls 3 % der Bevölkerung vegetarisch (also rund 10 Mio. Menschen), und in Indien, dem „Mutterland des Vegetarismus", sind es etwa 300 Millionen Menschen (rund 30 % der Bevölkerung).

↑ Aus: Armin Risi & Ronald Zürrer, *Vegetarisch leben – Vorteile einer fleischlosen Ernährung* © Govinda-Verlag GmbH, 2015

B. Sieh dir das Plakat „Pflanzenfresser" an. Wie sieht der Mann aus? Was ist wohl sein Beruf? Stell Vermutungen an.

↑ Foto © Caroline Pitzke & Christine Fiedler für PETA

C. Hör dir das Gespräch zwischen zwei Jugendlichen an. Waren deine Vermutungen richtig? Mach dir Notizen zur Person.

Prof. 29

D. Was weißt du nun über deutsche Essgewohnheiten? Wie ist das in Frankreich? Berichte.

Zwischenstopp 2 ➜ p. 86

Rollenspiel: Drei Jugendliche mit unterschiedlichen Essgewohnheiten diskutieren, wo sie sich zum Essen treffen.

1. Geliebt, gebraucht, gehasst? ➜ Arbeitsheft S. 59

A. **Sieh dir die Grafik zum Thema Mobilität an. Was erfährst du? Kommentiere.**

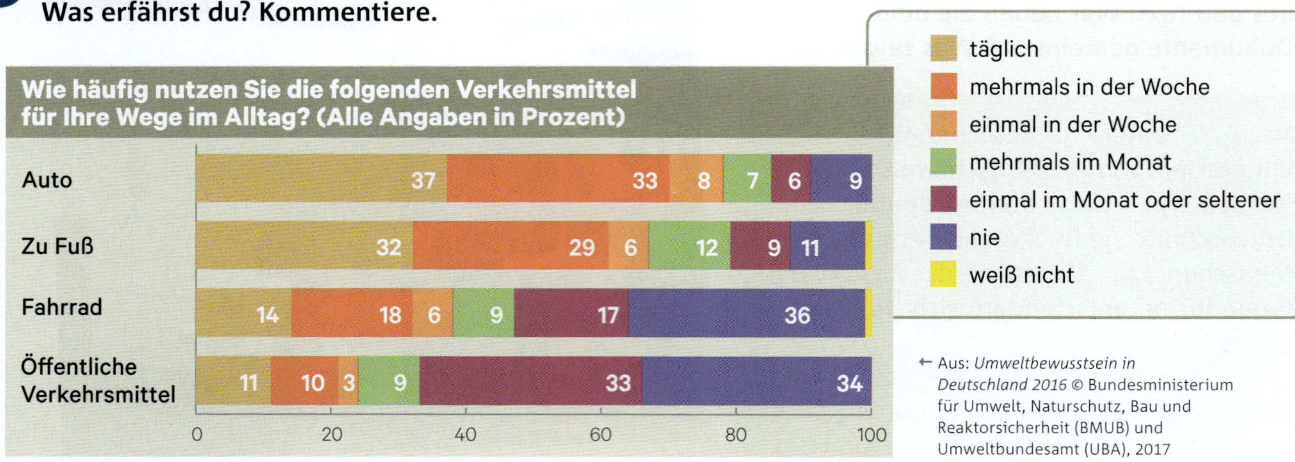

← Aus: *Umweltbewusstsein in Deutschland 2016* © Bundesministerium für Umwelt, Naturschutz, Bau und Reaktorsicherheit (BMUB) und Umweltbundesamt (UBA), 2017

B. **Lies den Text und mach dir Notizen zu den folgenden Punkten.**

Unterwegs sein ➜ p. 83

- **a.** das Auto als Statussymbol
- **b.** Nachteile des Autos
- **c.** neue Statussymbole
- **d.** Alternativen zum Auto

Deutschland ist mit den Konzernen BMW, Daimler und Porsche-Volkswagen das Autowunderland der Welt, und darauf sind wir stolz. Das Auto ist nicht nur das wichtigste Verkehrsmittel in Deutschland, es steht auch für Freiheit und Dynamik, für sozialen Status, Lebensstil und Macht[1]. Die Käufer drücken mit der Wahl der Automarke, des Modells und der Ausstattung[2] ihre Persönlichkeit, ihre Träume und auch ihre finanziellen Möglichkeiten aus.

Bis in die 1990er Jahre war es sehr wichtig, ein eigenes Auto zu haben. Heute ist es vor allem jungen Leuten in der Stadt ziemlich egal: In den Städten ist man ohne Auto einfach besser unterwegs. Die neuen Statussymbole heißen eher iPhone und iPad, denn mit dem Internet kann man die ganze Welt erreichen, ohne sich selbst bewegen zu müssen.

Außerdem gibt es in den Städten nicht genug Parkplätze, Autofahrer stehen oft im Stau[3] und Autos sind schlecht für die Umwelt[4]. Die öffentlichen Verkehrsmittel wie Busse und Bahnen sind heute wesentlich besser als früher und mit dem Fahrrad kommt man in der Stadt meistens am schnellsten ans Ziel.

↑ Plakat zur Ausstellung © Schleiner & Partner, Haus der Geschichte, Bonn

[1] **die Macht** le pouvoir
[2] **die Ausstattung** l'équipement
[3] **der Stau** l'embouteillage
[4] **die Umwelt** l'environnement

C. **Tauscht euch in der Klasse über die positiven und negativen Aspekte des Autos aus. Welche Wörter vom Ausstellungsplakat passen eurer Meinung nach am besten zum Text?**

2. Nicht nur mit dem Auto ... ➡ Arbeitsheft S. 60

12 **A. Sieh dir das Video an. Wofür wirbt die Kampagne der Berliner Verkehrsbetriebe? Wähl den passenden Werbespruch aus und begründe deine Wahl.**

a. Du brauchst kein eigenes Auto, um akzeptiert zu werden!
b. Berlin hat viele Gesichter: Bei uns dürfen alle mitfahren!
c. Egal ob mit oder ohne Ticket, fahr mit der BVG!

↑ *Is mir egal*, Berliner Verkehrsbetriebe GmbH, feat. Kazim Akboga, 2015

B. Lies den Text und beantworte die folgenden Fragen.

a. Warum ist Wandern so „in"?
b. Wer nimmt am offiziellen Wandertag teil?
c. Wo wird am liebsten gewandert?
d. Wer kann bei den DNWM mitmachen?

← © Deutscher Wanderbund

Wer Lust auf Frühlingssonne und schöne Landschaft hat, kann sich am 14. Mai beim offiziellen Tag des Wanderns frische Luft schnappen. Da wird überall in den 16 Bundesländern Programm für die beliebteste Freizeitaktivität der Deutschen angeboten: Wandern.

Der Freizeitsport kennt im Moment einen Boom bei all denen, die nach Abwechslung suchen[1] oder einfach mal in der freien Natur abschalten[2] wollen.

Wandern ist in Deutschland eigentlich Tradition, doch es wurde lange als „alte-Leute-Hobby" gesehen. Zum Glück ist das nicht mehr so. Deutschland bietet insgesamt 200 000 Kilometer Wanderwege: Jeder kann sich also aussuchen, was ihm gefällt. Ob im Wald, am Fluss entlang, in den Bergen, allein oder in der Gruppe: Alles ist möglich! Dazu kommt eine neue, immer beliebtere Art des Wanderns: NW (Nordic Walking). Mit dem richtigen Equipment kann jeder eine dynamische Power Tour machen. Wer schon ziemlich gut durchtrainiert ist, kann sogar bei den Deutschen Nordic Walking Meisterschaften (DNWM) mitmachen!

[1] **nach Abwechslung suchen** vouloir changer d'air
[2] **abschalten** décompresser

Les pronoms relatifs **wer, was, wo** ➡ p. 81

13 **C. Sieh dir das Video an. Was erfährst du?**

13 **D. Sieh dir das Video nochmal an. Was findet Max Semsch am E-Bike so toll?**

Was er am E-Bike toll findet, ist ...

↑ *Abenteuer Deutschland* © Max Semsch, 2017

E. Was ist für euch die beste Freizeitaktivität in der Natur? Tauscht euch aus.

Unser Projekt ➡ p. 87

Ich nehme eine deutsche Identität an und erstelle für unsere Ausstellung ein Porträt von meinem Leben.

Das brauchst du für dein Projekt!

1 Le groupe infinitif complément avec zu

Gibt es hier eine Wohnung zu kaufen?
Die Deutschen lieben es, ihre Wohnung zu verschönern.
Es ist für viele Menschen wichtig, ihre Wohnung schön einzurichten.

Le groupe infinitif peut compléter un nom (exemple 1), un verbe (exemple 2) ou un adjectif (exemple 3).

La préposition **zu** a pour équivalent « de » ou « à » en français.

Lorsqu'il s'agit d'un verbe à préverbe séparable, **zu** s'intercale entre le préverbe et le reste du verbe. Dans le groupe infinitif, le verbe à l'infinitif est toujours placé en dernière position. Il peut être seul ou accompagné de compléments.

Le groupe infinitif complément est toujours précédé d'une virgule, sauf quand il se réduit au seul verbe à l'infinitif.

zu = **to** en anglais !
It is important to live in a big flat.

2 Exprimer le souhait avec le subjonctif II

Ich wäre gern Mitbewohner einer WG.
Ich hätte gern ein großes Haus mit Garten.
Ich würde gern mit den anderen kochen.

Pour exprimer le souhait, on utilise le subjonctif II accompagné de l'adverbe **gern**. Le subjonctif II correspond en français au conditionnel (« j'aimerais », « je voudrais »).

Rappelle-toi !
Ich möchte (gern) est l'équivalent de **ich würde gern**. C'est une forme que on utilise depuis longtemps pour exprimer le souhait.

	haben	sein	mögen	autres verbes
ich	hätte	wäre	möchte	würde + infinitif
du	hättest	wärest	möchtest	würdest + infinitif
er / es / sie	hätte	wäre	möchte	würde + infinitif
wir	hätten	wären	möchten	würden + infinitif
ihr	hättet	wäret	möchtet	würdet + infinitif
sie / Sie	hätten	wären	möchten	würden + infinitif

Le subjonctif II des verbes **haben**, **sein**, **mögen** et **werden** se forme à partir du prétérit (**hatte**, **war**, **mochte** et **wurde**), auquel on ajoute un **Umlaut**.

1 A. Wir ziehen um!

Fais l'inventaire des points importants pour choisir un logement. Relie les éléments suivants et formule des énoncés en commençant par Für mich ist es wichtig, ... zu ... .

1. einen Spieleabend mit Freunden	**a.** haben
2. mit meiner Familie	**b.** grillen
3. in einer gemütlichen Wohnung	**c.** fernsehen
4. viel Platz in meinem Zimmer	**d.** organisieren
5. im Garten	**e.** leben

1 B. Auf der Design-Messe

Décorateur d'intérieur, tu visites un salon international. Tes notes concernant les habitudes des Allemands sont illisibles. Formule des phrases cohérentes.

1. haben oft Lust, • im Garten zu grillen • viele Leute
2. es ist • helle Wände zu haben • wichtig für sie,
3. man liebt es, • einzuladen • Freunde nach Hause
4. im Garten zu arbeiten • nimmt sich viel Zeit, • man
5. sie haben Lust, • zu verschönern • ihr Zuhause

2 A. Die WG meiner Träume

Tu discutes avec un ami de la WG de tes rêves. Ajoute la forme verbale qui convient.

Ich ... (1) gern in einer großen WG wohnen. Meine Mitbewohner ... (2) für mich da und sie ... (3) mir das Leben schöner machen. Wir ... (4) gern eine sehr große Wohnung mit viel Licht und viel Platz. Jeder ... (5) gern ein eigenes Zimmer, um seine Ruhe zu haben. So ... (6) wir einander nicht stören. Wir ... (7) aber gern beim Essen zusammen.

2 B. Nach dem Abitur

Après le bac, tu aimerais intégrer une WG. Formule les souhaits suivants différemment, en utilisant le subjonctif II.

1. Meine besten Freunde und ich möchten zusammen wohnen.
2. Mein Freund möchte ein Haustier in der WG haben.
3. Meine Mitbewohner möchten mit mir TV-Serien ansehen.
4. Toms Oma möchte auch bei uns einziehen.
5. Ich möchte einen Garten für den Sommer haben.

3 Adjectif attribut / adjectif épithète

Die deutsche Gastronomie ist vielfältig:
Sie hat einen starken regionalen Charakter.

Pour définir ou qualifier quelque chose ou quelqu'un, on peut utiliser un adjectif. Il en existe deux sortes :

– l'adjectif qualificatif attribut :

il qualifie le nom auquel il se rapporte par l'intermédiaire d'un verbe d'état (être, devenir, rester...). En allemand, il est invariable ;

– l'adjectif qualificatif épithète :

il fait partie du groupe nominal et se place toujours directement devant le nom qu'il qualifie.
Sa terminaison varie non seulement selon le genre, le nombre et la fonction du nom, mais aussi selon le déterminant qui introduit le groupe nominal :

das bekannte Restaurant
ein bekanntes Restaurant
die vielen Speisen

Dans un groupe nominal introduit par un article indéfini ou sans article, c'est parfois la terminaison de l'adjectif qui permet d'identifier le genre du nom :

ein deutscher Schinken
ein bekanntes Restaurant
internationales Essen

C'est comme en anglais :
Die regionale Küche ist divers.
>> The regional cuisine is diverse.

4 Les pronoms relatifs **wer, was, wo**

Heimat ist der Ort, wo man sich zu Hause fühlt.
Wer Lust auf Natur hat, kann wandern.
Jeder kann sich aussuchen, was ihm gefällt.

Les pronoms **wer** (« celui qui »), **was** (« ce que ») et **wo** (« là où ») peuvent avoir valeur de pronoms relatifs. Ils introduisent alors une proposition subordonnée relative.

Rappelle-toi !
La proposition subordonnée est séparée de la principale par une virgule et le verbe de la subordonnée est toujours placé en dernière position.

3 A. Vorwort zum Gastronomie-Führer

Attribut ou épithète ? Relève les adjectifs et classe-les en deux colonnes.

Zum Thema „internationales Essen" gibt es viel zu sagen. Gastronomie ist divers und vielfältig. Auf einer kulinarischen Reise kann man natürlich Spezialitäten entdecken, die weltbekannt sind. Aber Gastronomen interessieren sich auch für den lokalen Charakter in den erkundeten Regionen. Sie suchen nach Speisen, die nicht berühmt sind, die aber die Essgewohnheiten der Einheimischen zeigen.

3 B. Eine Spezialität aus dem Norden

En te référant aux tableaux p. 114-115, complète la terminaison des adjectifs suivants.

1. Ich würde gern **über ein speziell... deutsch... Gericht** sprechen. **2.** Es gehört **zur national... Gastronomie** wie **die bekannt... Weißwurst** oder **die lecker... Brotsorten.** **3.** **Das berühmt... Labskaus** haben **früher hungrig... Seemänner** auf den Schiffen gegessen. **4.** Man macht es mit **gesalzen... Fleisch, gekocht... Kartoffeln** und **lecker... Hering.** **5.** Manche Leute essen auch gern **eine klein... grün... Gurke** dazu. Na? Klingt lecker, oder nicht?

4 A. Tipps für Naturliebhaber

Complète les phrases avec le pronom relatif qui convient.

1. ... schon gut durchtrainiert ist, kann eine Fahrradtour in den Bergen unternehmen.
2. Siegen ist die deutsche Stadt, ... man die meisten Grünflächen findet.
3. Max erzählt, ... man auf einer Radtour durch Deutschland erleben kann.
4. ... sich für eine Wandertour entscheidet, sollte ein gutes Equipment haben.
5. Der Wald ist der Ort, ... ich mich am besten fühle.
6. Du kannst machen, ... du willst!

4 B. Die „deutsche Vita"

Formule des phrases cohérents en remettant dans l'ordre les éléments suivants.

1. wer • sollte beim offiziellen Tag des Wandern mitmachen • Lust auf Wandern hat,
2. eine WG ist • ich mich zu Hause fühle • wo • der Ort,
3. was • an Deutschland so schön ist, • die vielen Lebensstile • sind
4. wer • machen • sollte eine Fahrradtour • sich erholen möchte,

5

Das brauchst du für dein Projekt!

Wohnen
- das Heim = das Zuhause
- die Heimat(-stadt)
- an einem Ort / in einer Stadt aufwachsen
- eine Wohnung / ein Haus mieten
- zur Miete wohnen ≠ in einer eigenen Wohnung wohnen
- die Einrichtung = die Möbel + die Deko
- der Lebensstil
- jeder auf seine Art

Deutsche Gemütlichkeit
- die Gemütlichkeit / gemütlich
- es sich gemütlich machen = sich wohl fühlen
- sich schön / modern / persönlich einrichten
- die Wohnung verschönern
- viel / wenig Platz haben
- viel / wenig Zeit zu Hause verbringen
- jemanden zu Kaffee und Kuchen / zum Abendessen einladen

1. Ein gemütliches Zuhause

Ein Land mit vielen Gesichtern

2. Zusammen wohnen

Alternative Wohnprojekte
- das Wohnprojekt
- die WG = die Wohngemeinschaft
- der / die Student/in
- der / die Mitbewohner/in
- sich die Wohnung / die Miete teilen
- Kosten sparen
- die Ersatzfamilie

Gemeinsam statt einsam
- mit jemandem zusammen wohnen
- nicht allein sein = sich nicht einsam fühlen
- Zeit miteinander verbringen
- gemeinsam essen / kochen / putzen
- einander helfen = sich gegenseitig helfen
- etwas zusammen unternehmen
- ein eigenes Zimmer haben
- seine Ruhe haben
- gemeinsam Spaß haben

3. Essgewohnheiten

Fleischesser und Vegetarier
- die Essgewohnheiten
- der / die Fleischesser/in
- der / die Flexitarier/in
- der / die Vegetarier/in
- vegetarisch = ohne Fleisch oder Fisch
- weder Fleisch noch Fisch essen
- der / die Veganer/in
- vegan = ohne Tierprodukte
- sich pflanzlich / vegan ernähren = keine Tierprodukte essen

Sich in der Stadt fortbewegen

- öffentliche Verkehrsmittel benutzen / nehmen
- mit dem Zug / dem Bus / der Straßenbahn / der U-Bahn / dem Fahrrad fahren
- das Auto = der Wagen = der PKW
- (k)ein Statussymbol sein
- der Traum
- zu Fuß gehen
- gut / schlecht für die Umwelt sein
- im Stau stehen
- schnell ans Ziel kommen
- das Gesicht
- die Möglichkeit

4. Unterwegs sein

Bewegung in der Natur

- die Wanderung unternehmen
- wandern gehen
- die Fahrradtour
- das E-Bike
- die Erholung / erholsam
- die Natur genießen
- die Landschaft entdecken

Deutsche Küche

- die Spezialität
- die Gastronomie = die Küche
- die Gaststätte = das Restaurant
- das Sterne-Restaurant
- der Imbiss = die Imbissbude
- das Café / die Kneipe
- der Feinschmecker = der Gourmet
- vielfältig / unterschiedlich
- ein typisches / originelles Gericht
- einen starken regionalen Charakter haben
- sich zum Essen verabreden

1 Ein perfektes Zuhause. Complète le texte sans oublier de conjuguer les verbes.

a. verbringen **b.** Einrichtung **c.** fühlen
d. wenig Platz **e.** zur Miete **f.** gemütlich

Meine Wohnung ist toll! Ich wohne zwar **... (1)**, das heißt, ich habe keine eigene Wohnung. Und groß ist sie auch nicht, ich habe **... (2)**. Aber ich **... (3)** sehr gern viel Zeit bei mir zu Hause. Ich mache es mir richtig **... (4)**! Meine **... (5)** ist sehr persönlich und praktisch. Ich **... (6)** mich hier einfach wohl!

2 WG-Leben. Relie les expressions qui vont ensemble.

1. etwas zusammen unternehmen
2. sich die Miete teilen
3. die Wohngemeinschaft
4. sich nicht einsam fühlen
5. allein sein

a. Kosten sparen
b. gemeinsam Spaß haben
c. Zeit miteinander verbringen
d. seine Ruhe haben
e. mit jemandem zusammen wohnen

3 Wer sagt das? Associe un profil à chaque affirmation.

a. der Koch / die Köchin im Sterne-Restaurant
b. die Bedienung im Imbiss
c. der Vegetarier / die Vegetarierin
d. der Veganer / Veganerin
e. der Fleischesser / die Fleischesserin

1. „Kommen Sie auf einen schnellen Snack vorbei!"
2. „Das Menü mag ich nicht. Ich esse kein Fleisch!"
3. „Zu uns kommen nur die Gourmets: Wir bieten kreative Gastronomie vom Feinsten."
4. „Mir schmeckt es immer, ich esse alles!"
5. „Protein bekomme ich problemlos, aber nicht von Tierprodukten."

4 Was passt nicht? Trouve l'intrus et justifie ton choix.

1. die U-Bahn • der Bus • der Wagen • die Straßenbahn • der Zug
2. mit der Bahn fahren • zu Fuß gehen • den Bus nehmen • mit dem E-Bike fahren
3. im Stau stehen • die Natur genießen • die Landschaft entdecken • erholsam sein

5 Viele Gesichter! Trouve dans la carte mentale les expressions ou mots équivalents.

1. wo man aufwächst
2. divers
3. zusammen
4. so, wie man will
5. verschieden
6. sich wohl fühlen

HEIMAT.
DEUTSCHLAND – DEINE GESICHTER

Ein Projekt von Carsten Sander

DU BIST HEIMAT, WIR SIND HEIMAT

Heimat ist vielfältig, allgegenwärtig und grenzenlos. Sie ist die Basis allen Zusammenlebens [...]. Carsten Sander hat sich auf die Suche gemacht, um Heimat Deutschland zu definieren. 1000 Gesichter als Individuum und 1000 Gesichter als Einheit.

1000 GESICHTER, UNZÄHLIGE EMOTIONEN

Während der letzten sechs Jahre hat Carsten Sander die Republik bereist und dabei hunderte Gesichter mit seiner Kamera erfasst. Einfache Menschen, Obdachlose, Jung und Alt, aber auch Prominente und Politiker, [...] gleichberechtigt nebeneinander.

Gemeinsam ist allen Porträtierten, dass sie Deutschland als ihre Heimat haben. Das Gesamtkunstwerk HEIMAT. DEUTSCHLAND – DEINE GESICHTER zeigt ein modernes und buntes Land, das aus seiner Vielfältigkeit heraus Stärke und Gemeinschaft wachsen lässt und wo jeder Mensch von Bedeutung ist [...].

↑ www.deutschlanddeinegesichter.de / Fotos © Myo Design, Andreas Loechte

A. Sieh dir die Fotos an und lies den Text zur Ausstellung. Wie wird die „Heimat Deutschland“ definiert?

B. Du hast die Ausstellung besucht und möchtest dich ins Gästebuch eintragen. Schreib deinen Eintrag über den Begriff „deutsche Heimat“.

Aussprachetraining

A. O oder AU?

Prof. 30 Élève 16

Hör zu und notiere den oder die fehlenden Buchstaben in deinem Heft.

1. w☒
2. ☒ch
3. geb☒ren
4. gebr☒cht
5. die Dek☒
6. die Franz☒sen
7. her☒s
8. w☒hnen
9. ☒der
10. die Gr☒ßstadt
11. das Br☒t
12. das ☒to
13. gen ☒so
14. das S☒erkr☒t

B. AU und EU / ÄU.

Prof. 31 Élève 17

Hör zu und sprich nach.

1. das Haus • die Häuser • das Zuhause
2. die Käufer kaufen
3. Europa
4. auch • euch
5. der Traum • die Träume
6. die Hauptstadt Deutschlands
7. dein deutsches Auto
8. Hauptsache Freunde

C. EI oder IE?

Prof. 32 Élève 18

Hör zu und notiere die fehlenden Buchstaben in deinem Heft.

1. die H☒mat
2. das Fl☒sch
3. die Kn☒pe
4. die M☒te
5. die Gemütlichk☒t
6. gem☒nsam
7. gen☒ßen
8. die M☒nung
9. der Untersch☒d
10. untersch☒den
11. die Wohngem☒nschaft
12. der M☒tpr☒s
13. die M☒nungsuntersch☒de
14. die ☒nrichtungsvorl☒ben

5

Zwischenstopp 1

Je **prépare** ma tâche finale

Unsere perfekte WG
Wir denken uns eine perfekte WG aus und präsentieren sie in der Klasse, um Mitbewohner/innen zu finden.

1 ***Nous formons des groupes de trois.***

2 ***Nous décidons du type de WG que nous souhaitons proposer à nos camarades. Il s'agit de les convaincre des avantages de cette colocation. Pour cela, nous relisons le* Schritt 1*, où se trouvent tous les contenus utiles.***

3 ***Nous préparons notre intervention. Nous allons devoir :***

– expliquer le modèle de WG que nous avons choisi ;
– décrire les lieux de manière précise (chaque locataire doit s'y sentir bien) ;
– évoquer la vie en communauté (organisation, activités ou loisirs partagés, compromis nécessaires, etc.) ;
– expliquer en quoi il s'agit d'un modèle idéal, en montrant les avantages que chacun peut en retirer.

4 ***Nous nous partageons la prise de parole de manière équilibrée. Il va nous falloir convaincre du bien-fondé de notre choix et, pour cela, adopter le rythme, le ton et la posture adaptés.***

5 ***Après nous être entraînés en nous référant à la grille d'évaluation prévue à cet effet, nous présentons notre WG idéale.***

Zwischenstopp 2

Je **préparе** ma tâche finale

Verabredung im Restaurant
Rollenspiel: Drei Jugendliche mit unterschiedlichen Essgewohnheiten diskutieren, wo sie sich zum Essen treffen.

1 ***Nous formons des groupes de trois. Ensemble, nous relisons les différentes étapes du* Schritt 2*. Notre jeu de rôle doit permettre de mettre en avant les spécificités propres à l'Allemagne en matière d'habitudes alimentaires.***

2 ***Nous opons chacun pour un profil et nous notons :***
- les habitudes alimentaires correspondant à chaque profil
- les raisons qui amènent à choisir tel ou tel mode alimentaire

3 ***Nous élaborons le scénario de notre jeu de rôles (la situation initiale et les issues possibles de la discussion) et nous imaginons les répliques de chacun (ses arguments, contre-arguments, ce qu'il mange ou refuse de manger, avec des références éventuelles à des spécialités découvertes dans la leçon), sans les rédiger (il ne s'agit pas d'interpréter un texte appris par cœur), mais en nous les appropriant par le biais de la répétition.***

4 ***Nous prenons connaissance de la grille d'évaluation pour répondre au mieux aux attentes, et nous nous entraînons jusqu'à ce que nous soyons satisfaits du résultat.***

5 ***Nous jouons la scène devant la classe.***

Je réalise ma tâche finale

Die vielen Gesichter Deutschlands
Ich nehme eine deutsche Identität an und erstelle für unsere Ausstellung ein Porträt von meinem Leben.

1. *En vue de la Journée de la diversité organisée au mois de mai, nous préparons une exposition intitulée* Die vielen Gesichter Deutschlands *en nous inspirant du projet de Carsten Sander, présenté sur la page* Deutsch macht Spaß!. *L'objectif est de faire découvrir à vos camarades la richesse et la diversité du mode de vie et de pensée des Allemands.*

2. *Nous travaillons par deux. Ensemble, nous revoyons le contenu de l'unité et à partir des informations présentes dans les documents que nous avons étudiés, nous donnons la parole à un/e citoyen/ne allemand/e qui s'exprime sur son mode de vie.*

   - *Où et comment habite-t-il / elle ?*
   - *Quels sont ses habitudes ou choix alimentaires ?*
   - *Quel est son mode de déplacement préféré ?*
   - *Quels sont ses loisirs préférés ?*
   - *Etc.*

3. *Nous nous proposons notre brouillon à notre professeur/e d'allemand qui nous montrera comment améliorer notre texte avant de le mettre en forme.*

4. *Nous présentons notre portrait sur une affiche de la taille et de la couleur de notre choix.*

6 Als ich ein kleiner Junge war

Erich Kästner : un auteur du XXe siècle uniquement?

1

2

3

4

↑ © Media Logistik GmbH

5

↑ © Atrium Verlag AG, Zürich 1935. Covermotiv von Walter Trier

6

↑ © Jana Müller-Heuser

7

Schritt 1
Ein Kind des 20. Jahrhunderts

Zwischenstopp 1
Unser Kästner-Lapbook

Schritt 2
Kindheitserinnerungen

Zwischenstopp 2
Ein toller Vorlesewettbewerb

Schritt 3
Kästners Dresden

Unser Projekt
Ein unterhaltsamer Erich-Kästner-Nachmittag

8

↑ © Uschi Reich Filmproduktion GmbH

9

↑ © Atrium Verlag AG, Zürich 2018. Covermotiv von Isabel Kreitz

10

↑ © Oetinger Media GmbH

↑ © Videojournalist Marcus Mötz, Leipzig

11

A. Sieh dir die Bilder an. Von wem ist hier die Rede? Kennst du diese Person? Was erfährst du über sie?

14 **B.** Sieh dir das Video an. Was erfährst du über das Museum, den Autor und sein Werk? Notiere die wichtigen Informationen.

Welche anderen deutschsprachigen Schriftsteller/innen kennst du? Was weißt du über sie? Erkläre.

Ich kenne Cornelia Funke und ...

➡ Arbeitsheft S. 64

Zwischenstopp 1
Unser Kästner-Lapbook

1. Ein weltberühmter Autor ➜ Arbeitsheft S. 65

A. Lies die Kurzbiografie und finde die Informationen im Text.

a. Beruf(e)? b. Studium? c. Besonderheiten? d. Wichtige Ereignisse?
e. Grund für seinen Erfolg? f. Bekannte Werke? g. Rezeption seiner Werke?

Erich Kästner war ein deutscher Schriftsteller, Journalist und Drehbuchautor. Er wurde am 23. Februar 1899 in Dresden geboren. Schon als Kind wollte er Lehrer werden und begann eine Ausbildung zum Volksschullehrer. 1917 musste er jedoch als Soldat in den Ersten Weltkrieg. Nach Kriegsende entschied er sich gegen den Lehrerberuf und machte das Abitur. Ab 1920 konnte er dann in Leipzig Germanistik, Geschichte, Philosophie und Theatergeschichte studieren. Parallel dazu schrieb er für verschiedene Zeitungen und veröffentlichte seine ersten Gedichte.

Eigentlich wollte er nie Kinderbücher schreiben. Es war die Idee seiner Verlegerin Edith Jacobsohn, die nach deutschen Autoren für ihren Kinderbuchverlag Williams & Co suchte. So veröffentlichte er 1928-1929 *Emil und die Detektive*. Das Buch wurde ein Bestseller. 1930 folgten *Pünktchen und Anton* sowie 1933 *Das fliegende Klassenzimmer*.

Seine sozialkritischen und oft satirischen Werke wurden nach der Machtübernahme der Nationalsozialisten verboten und seine Bücher verbrannt. Er war an diesem Tag, dem 10. Mai 1933, selbst in Berlin auf dem Bebelplatz, und sah seine Bücher in Flammen aufgehen[1]. Da er nicht mehr in Deutschland veröffentlichen durfte, schrieb er unter Pseudonymen und konnte so weiter arbeiten. Trotz allem beschloss er, als Augenzeuge in Deutschland zu bleiben und Selbstzensur auszuüben.

Nach dem Zweiten Weltkrieg arbeitete er für verschiedene Zeitungen und blieb weiterhin als Autor aktiv. 1949 erschienen zum Beispiel *Das doppelte Lottchen* und *Die Konferenz der Tiere*.

Kästner blieb bis zu seinem Tod am 29. Juli 1974 ein aktiver Pazifist, der mit seiner Arbeit seine Mitmenschen aufklären und zur Vergangenheitsbewältigung beitragen wollte.

Heute ist Kästner ein „Klassiker". Seine witzige und sympathische Art zu erzählen und seine feine Gesellschaftskritik sind zeitlos und immer noch aktuell. *Emil und die Detektive* wurde zum Beispiel in mehr als 40 Sprachen übersetzt, und von *Das doppelte Lottchen* gibt es bereits 14 Verfilmungen (die letzte von 2017). Es werden auch immer noch Musicals oder Theaterstücke von seinen Werken aufgeführt.

[1] **in Flammen aufgehen** prendre feu

Bestsellerautor ➜ p. 98

Le prétérit des verbes de modalité ➜ p. 96

B. Welche geschichtlichen Ereignisse hat Kästner miterlebt? Erstelle eine Zeitleiste mit seinen Daten und den Daten der deutschen Geschichte.

C. Sieh dir das Video an. Wie lässt sich erklären, dass Kästner noch heute andere Künstler beeinflusst und dass seine Bücher so beliebt bleiben?

2. Unvergessliche Abenteuer → Arbeitsheft S. 68

A. Sieh dir die Buchcover an. Wovon handeln diese Bücher wohl? Stelle Hypothesen auf.

Das Buch „Das fliegende Klassenzimmer" handelt bestimmt von …

1

2

3

Rund ums Buch → p. 98

← Erich Kästner © Atrium Verlag AG. Covermotive von Walter Trier

B. Bildet drei Gruppen: Jede Gruppe liest einen Klappentext und überprüft dabei die Hypothesen. Wie heißen die Hauptfiguren? Wovon erzählen diese Bücher?

1 Seit Jahren sind die Schüler aus dem Internat Kirchberg und von der benachbarten Realschule verfeindet. Beide Gruppen denken sich die verrücktesten Streiche[1] aus, um die anderen zu ärgern. Als die Realschüler die Diktathefte der Gymnasiasten klauen und dabei auch noch einen Schüler gefangen nehmen, hört der Spaß allerdings auf: Uli, Matthias und ihre Freunde fordern die Realschüler zum alles entscheidenden Kampf auf.

2 Abend für Abend schleicht[2] Pünktchen sich aus ihrem Zimmer, um mitten in Berlin Streichhölzer zu verkaufen. Und das, obwohl ihre Eltern viel Geld haben und ihr jeden Wunsch erfüllen. Ganz anders geht es Anton, der kaum weiß, wo er die nächste Mahlzeit[3] hernehmen soll. Obwohl die beiden in verschiedenen Welten leben, sind sie dicke Freunde. Und das ist gut so: Denn als sich herausstellt, dass Diebe das Haus von Pünktchens Eltern ausrauben wollen, ist Anton mit Mut und Tatkraft zur Stelle!

3 Zum ersten Mal darf Emil allein nach Berlin fahren. Seine Großmutter und die Kusine Pony Hütchen erwarten ihn am Blumenstand im Bahnhof Friedrichstraße. Aber Emil kommt nicht, auch nicht mit dem nächsten Zug. Während die Großmutter und Pony Hütchen noch überlegen, was sie tun sollen, hat Emil sich schon in eine aufregende Verfolgungsjagd[4] gestürzt. Quer durch die große fremde Stadt, immer hinter dem Dieb her, der ihm im Zug sein ganzes Geld gestohlen hat. Zum Glück bekommt Emil bald Unterstützung: von Gustav mit der Hupe und seinen Jungs.

[1] **der Streich** le tour, la plaisanterie
[2] **schleichen** se glisser furtivement
[3] **die Mahlzeit** le repas
[4] **die Verfolgungsjagd** la course-poursuite

C. Informiert nun die anderen Gruppen über euer Buch.

Im Buch „Emil und die Detektive" geht es um …

D. Welches dieser Bücher möchtest du gern lesen? Warum? Tauscht euch aus.

Zwischenstopp 1 → p. 102

Wir erstellen ein Lapbook mit den wichtigsten Daten zum Leben und Werk von Erich Kästner.

Zwischenstopp 2
Ein toller Vorlesewettbewerb

1. Kästner erzählt ... → Arbeitsheft S. 69

A. **Sieh dir das Buchcover an. Worum geht es wohl in dem Buch? Wovon möchte Kästner wohl erzählen? Erkläre.**

B. **Lies den folgenden Auszug aus dem Vorwort des Buchs und beantworte die folgenden Fragen.**

a. Was ist Kästners Absicht? Aus welchem Grund schreibt er das Buch?
b. Was war damals anders als heute?

Liebe Kinder und Nichtkinder, [...]

In diesem Buch will ich Kindern einiges aus meiner Kindheit erzählen. Nur einiges, nicht alles. Sonst würde es eines der dicken Bücher, die ich nicht mag, schwer wie ein Ziegelstein[1], und mein Schreibtisch ist ja schließlich keine Ziegelei, und überdies: Nicht alles, was Kinder erleben, eignet sich dafür, dass Kinder es lesen! Das klingt ein bisschen merkwürdig. Doch es stimmt. Ihr dürft mir's glauben.

Dass ich ein kleiner Junge war, ist nun fünfzig Jahre her, und fünfzig Jahre sind immerhin ein halbes Jahrhundert [...]. Und ich dachte mir eines schönen Tages, es könne euch interessieren, wie ein kleiner Junge vor einem halben Jahrhundert gelebt hat. Damals war ja so vieles anders als heute! Ich bin noch mit der Pferdebahn gefahren. Der Wagen lief schon auf Schienen, aber er wurde von einem Pferd gezogen [...]. Die Damen trugen ganz lange, ganz enge Röcke. Sie konnten nur winzige Schrittchen machen, und in die Straßenbahn klettern konnten sie schon gar nicht. [...] Damals gab es noch einen deutschen Kaiser. [...] Einen König von Sachsen hatten wir übrigens auch. [...] Ja, ein halbes Jahrhundert ist eine lange Zeit. Aber manchmal denk' ich: Es war gestern.

↑ Text und Cover: Erich Kästner, *Als ich ein kleiner Junge war*

[1] **der Ziegelstein** la brique

Exprimer le temps avec **als** → p. 96

Situer dans le temps avec **damals / früher / heute / heutzutage** → p. 97

Prof. 34
C. **Hör dir jetzt den Auszug an.**

Kindheitserinnerungen → p. 98

2. ... aus seiner Kindheit → Arbeitsheft S. 70

PÉDAGOGIE DIFFÉRENCIÉE

A. **Bildet zwei Gruppen, A und B. Jede Gruppe liest einen Text (A oder B) und macht sich Notizen zu den nebenstehenden Aspekten.**

- **a.** Wo und wann?
- **b.** Personen?
- **c.** Handlung?

B. **Fasst euren Text für die andere Gruppe zusammen.**

C. **Welchen dieser beiden Auszüge würdest du gern vorlesen? Tauscht euch aus.**

A

In der Schule selber gab es keine Schwierigkeiten. Außer einer einzigen. Ich war sträflich unaufmerksam. Es ging mir zu langsam voran. Ich langweilte mich. [...] Herr Bremser, so gemütlich er im Grunde war, empfand meine Plauderlust[1] als durchaus störend. Sein Versuch, aus etwa dreißig kleinen Dresdnern brauchbare Alphabeten zu machen, litt empfindlich darunter, dass ein Drittel der Klasse außerdienstliche Gespräche führte, und ich war der Anstifter[2]. Eines Tages riss ihm der Geduldsfaden, und er erklärte ärgerlich, er werde, wenn ich mich nicht bessere, meinen Eltern einen Brief schreiben.

Als ich mittags heimkam, berichtete ich die interessante Neuigkeit. »Wenn das nicht endlich anders wird«, sagte ich, noch im Korridor und während ich den Ranzen vom Rücken nahm, »wird er einen Brief schreiben. Seine Geduld ist am Ende.« Meine Mama fand meinen Lagebericht und die Gelassenheit, womit ich ihn vortrug, erschreckend. [...] Ich versprach ihr, mich zu bessern. Dass ich nun mit einem Schlag und immerzu aufmerksam werde, dafür könne ich nicht garantieren, aber die anderen Schüler wolle ich künftig nicht mehr stören. Das war ein faires Angebot.

Und am kommenden Tag ging meine Mutter heimlich zu Herrn Bremser. Als sie ihm alles erzählt hatte, lachte er. »Nein, so etwas!« rief er. »Ein komischer Junge! Jeder andre würde hübsch abwarten, bis der Brief bei den Eltern einträfe« – »Mein Erich verschweigt mir nichts«, gab Frau Kästner stolz zur Antwort. Herr Bremser wiegte den Kopf hin und her und sagte nur: »Soso«. Und dann fragte er: »Weiß er schon, was er einmal werden will?« – »O ja« meinte sie, »Lehrer!« Da nickte er und sagte: »Gescheit[3] genug ist er.«

Nun, von dieser Unterhaltung im Lehrerzimmer erfuhr ich damals nichts. Ich hielt mein Wort. Ich störte den Unterricht nicht mehr.

B

Ich blieb das einzige Kind meiner Eltern und war damit völlig einverstanden. [...] Nur einmal im Jahr hätte ich sehnlich gewünscht, Geschwister zu besitzen: am Heiligabend! [...] Und warum wollte ich gerade an diesem Abend, am schönsten Abend eines Kinderjahres, nicht allein und nicht das einzige Kind sein? Meine Eltern waren aus Liebe zu mir aufeinander eifersüchtig[4]. Sie suchten es zu verbergen, und oft gelang es ihnen. Doch am schönsten Tag im Jahr gelang es ihnen nicht. [...] Ich wusste das alles und musste uns dreien zuliebe so tun, als wisse ich's nicht.

Wochenlang, halbe Nächte hindurch, hatte mein Vater im Keller gesessen und zum Beispiel einen wundervollen Pferdestall[5] gebaut [...]. Wochenlang, halbe Tage hindurch, hatte meine Mutter die Stadt durchstreift und die Geschäfte durchwühlt. [...] Sie kaufte Rollschuhe, [...] Buntstifte, Farbtuben, Malbücher, [...] einen Zauberkasten, Kaleidoskope, Zinnsoldaten, eine kleine Druckerei mit Setzbuchstaben, und [...] viele viele Kinderbücher.

Es war ein Konkurrenzkampf aus Liebe zu mir. [...] Es war ein Drama mit drei Personen, und der letzte Akt fand alljährlich am Heiligabend statt. Die Hauptrolle spielte ein kleiner Junge.

Ich saß in der Küche und wartete, dass man mich in die gute Stube riefe, unter den schimmernden Christbaum, zur Bescherung[6]. [...] Und dann hörte ich meine Mutter rufen: »Jetzt kannst du kommen!« Ich ergriff die hübsch eingewickelten Geschenke für die beiden und trat in den Flur. Der Christbaum strahlte. Vater und Mutter hatten sich links und rechts vom Tisch postiert, jeder neben seine Gaben, als sei das Zimmer samt dem Fest halbiert. »Oh«, sagte ich, »wie schön!« und meinte beide Hälften. [...] Ich stand am Tisch und freute mich im Pendelverkehr. Ich freute mich rechts, zur Freude meiner Mutter. Ich freute mich an der linken Tischhälfte über den Pferdestall im Allgemeinen. [...] Und noch einmal rechts, und noch einmal links, und nirgends zu lange, und nirgends zu flüchtig. Ich freute mich ehrlich und musste meine Freude zerlegen und zerlügen. Ich gab beiden je einen Kuss auf die Backe.

[1] **die Plauderlust** l'envie de bavarder
[2] **der Anstifter** l'instigateur
[3] **gescheit** intelligent/e
[4] **eifersüchtig** jaloux/-ouse
[5] **der Pferdestall** l'écurie
[6] **die Bescherung** la distribution des cadeaux de Noël

Zwischenstopp 2 ➜ p. 102

Wir organisieren einen Vorlesewettbewerb mit Auszügen aus dem Buch
Als ich ein kleiner Junge war.

Unsere Projekt
Ein unterhaltsamer Erich-Kästner-Nachmittag

1. „Dresden war eine wunderbare Stadt“ → Arbeitsheft S. 71

A. Lies den Auszug aus Kästners Autobiografie. Wie beschreibt der Autor die Stadt Dresden?

Dresden war eine wunderbare Stadt, voller Kunst und Geschichte und trotzdem kein von sechshundertfünfzigtausend Dresdnern zufällig bewohntes Museum [...]. Wenn es zutreffen sollte, dass ich nicht nur weiß, was schlimm und hässlich, sondern auch, was schön ist, so verdanke ich diese Gabe dem Glück, in Dresden aufgewachsen zu sein. Ich musste, was schön ist, nicht erst aus Büchern lernen. Nicht in der Schule und nicht auf der Universität. Ich durfte die Schönheit einatmen wie Försterkinder[1] die Waldluft. Die katholische Hofkirche, George Bährs Frauenkirche, der Zwinger, das Pillnitzer Schloss, das Japanische Palais, der Jüdenhof und das Dinglingerhaus, die Rampische Straße mit ihren Barockfassaden, die Renaissance-Erker in der Schlossstraße, das Coselpalais, das Palais im Großen Garten mit den kleinen Kavaliershäusern und gar, von der Loschwitzhöhe aus, der Blick auf die Silhouette der Stadt mit ihren edlen, ehrwürdigen Türmen – doch es hat ja keinen Sinn, die Schönheit wie das Einmaleins herunterzubeten[2]!

La voix passive au prétérit → p. 97

↑ Erich Kästner, *Als ich ein kleiner Junge war*

[1] **der Förster** le garde forestier
[2] **das Einmaleins herunterbeten** réciter la table de multiplication

B. Lies nun die Fortsetzung. Was ist am 13. Februar 1945 passiert? Wie sah die Stadt danach aus?

Ja, Dresden war eine wunderbare Stadt. Ihr könnt es mir glauben. Und ihr müsst es mir glauben! Keiner von euch, und wenn sein Vater noch so reich wäre, kann mit der Eisenbahn hinfahren, um nachzusehen, ob ich recht habe. Denn die Stadt Dresden gibt es nicht mehr. Sie ist bis auf einige Reste vom Erdboden verschwunden. Der Zweite Weltkrieg hat sie in einer einzigen Nacht und mit einer einzigen Handbewegung weggewischt. Jahrhunderte hatten ihre unvergleichliche Schönheit geschaffen. Ein paar Stunden genügten, um sie vom Erdboden fortzuhexen[1]. Das geschah am 13. Februar 1945. Achthundert Flugzeuge warfen Spreng- und Brandbomben. Und was übrigblieb, war eine Wüste. Mit ein paar riesigen Trümmern, die aussahen wie gekenterte[2] Ozeandampfer.

[1] **vom Erdboden forthexen** faire disparaître comme par magie
[2] **kentern** chavirer

C. Wie fühlt sich der Autor wohl? Erkläre.

Ich denke, Kästner ...

2. „Liebes Dresden ...“ ➡ Arbeitsheft S. 73

A. Sieh dir die Fotos von Dresden heute an. Hat sich viel geändert? Erkläre.

B. Würdest du gern nach Dresden fahren? Warum (nicht)? Tauscht euch aus.

Eine Stadt mit Geschichte ➡ p. 98

C. Sieh dir den Imagefilm „Liebes Dresden ...“ an und beantworte die folgenden Fragen.

a. Welches Image möchte Dresden vermitteln?
b. Welche Facetten der Stadt werden im Video gezeigt?

↑ © Dresden Marketing GmbH DML Lizenz

D. Sieh dir das Video ein zweites Mal an. Welche Adjektive oder Stichwörter werden verwendet, um von der Stadt zu sprechen?

E. Was würde Erich Kästner wohl über das heutige Dresden schreiben? Tauscht euch aus.

Dresden ist heute ...

Unser Projekt ➡ p. 103

Wir veranstalten einen Nachmittag rund um den Autoren und sein Werk.

Das brauchst du für dein Projekt!

1 Le prétérit des verbes de modalité

Erich Kästner wollte Lehrer werden.
Mit 18 Jahren musste er in den Krieg.

Comme tu l'as déjà vu, le prétérit est fréquemment employé dans les récits biographiques. Il se forme de la manière suivante :

- verbes faibles : **radical + te + les terminaisons du prétérit**
- verbes forts : **radical modifié + les terminaisons du prétérit**
- verbes mixtes : **radical modifié + te + les terminaisons du prétérit**

Wollen et **sollen** sont des verbes faibles. **Müssen**, **dürfen**, **können** et **mögen** sont des verbes mixtes :

	wollen	müssen
ich	wollte ø	musste ø
du	wolltest	musstest
er / es / sie	wollte ø	musste ø
wir	wollten	mussten
ihr	wolltet	musstet
sie / Sie	wollten	mussten

2 La subordonnée introduite par **als**

Als Kästner ein kleiner Junge war, war alles anders.
Er blieb in Deutschland, als die Nazis an die Macht kamen.

La subordonnée introduite par **als** (« quand », « lorsque ») est une subordonnée temporelle faisant référence à un fait unique dans le passé.

Comme dans toute subordonnée, le verbe est placé à la fin.

On retrouve fréquemment cette subordonnée en début d'énoncé : elle compte alors comme premier élément de la phrase et est immédiatement suivie du verbe de la principale.

Als Kästner ein kleiner Junge war, gab es einen König.
1 2

als = **as** en anglais !
Ich kam, als er ging.
I came as he was leaving.

1 A. Im Präteritum

Retrouve les pronoms qui vont avec les formes verbales ci-dessous. Il y a plusieurs associations possibles.

wollte • konnte • musstet • wolltest • sollten • mochte • durftet • konnten • sollte • durfte • musste • durften • konntest • mochten

ich	...
du	...
er / es / sie	...
wir	...
ihr	...
sie / Sie	...

1 B. Erich Kästner

Complète les propositions en conjuguant les verbes entre parenthèses au prétérit.

1. Erich Kästner ... **(wollen)** Lehramt studieren aber 1918 ... **(müssen)** in den Krieg ziehen.
2. Er ... **(mögen)** es, für Zeitungen zu schreiben, doch er ... **(sollen)** ein Kinderbuch für seinen Verlag schreiben.
3. Er ... **(dürfen)** während der Nazizeit keine Bücher veröffentlichen, doch er ... **(können)** unter Pseudonymen weiter schreiben.
4. Kästner ... **(wollen)** seine Mitmenschen aufklären und sie zum Nachdenken anregen.

2 A. Als Kästner ...

Relie les phrases en transformant la première proposition en une subordonnée avec als.

1. Erich Kästner war klein. • Es gab keine Autos.
2. Er war jung. • Er lebte in Dresden.
3. Er veröffentlichte *Emil und die Detektive*. • Er wurde berühmt.
4. Der Krieg war zu Ende. • Er blieb ein Pazifist.

2 B. Wann war das?

À l'aide des éléments donnés, réponds en employant une subordonnée avec als, comme dans l'exemple.

1. Wann wurden die Bücher von Kästner verbrannt? Die Nazis waren an der Macht.
   = Als die Nazis an der Macht waren.
2. Wann fing Kästner an, Kinderbücher zu verfassen? Seine Verlegerin kam auf diese Idee.
3. Wann wurde er weltberühmt? Seine Bücher wurden in 40 Sprachen übersetzt.

❸ Situer dans le temps avec **damals / früher / heute / heutzutage**

Damals **war ja so vieles anders als heute.**

Pour parler d'événements passés, on peut employer différents adverbes ou connecteurs chronologiques.

Damals / **Früher** gab es Pferdekutschen.
Heute / **Heutzutage** gibt es Autos und Motorräder.

❹ La voix passive au prétérit

Dresden wurde bombardiert.
Die Stadt wurde komplett zerstört.

La voix passive est fréquemment employée en allemand lorsque l'on souhaite faire porter l'attention sur l'action en elle-même plutôt que sur son auteur. Le passif peut être employé à différents temps, et notamment au prétérit.

Au prétérit, le passif se forme avec l'auxiliaire **werden** conjugué au prétérit et du participe II du verbe.

	werden
ich	wurd**e**
du	wurd**est**
er / es / sie	wurd**e**
wir	wurd**en**
ihr	wurd**et**
sie / Sie	wurd**en**

❸ Früher und heute

Introduis les phrases par damals / früher et heute / heutzutage. Attention à la place des verbes.

1. Erich Kästner ist mit der Pferdebahn gefahren. • Wir fahren mit Autos und Bussen.
2. Die Damen trugen lange Röcke. • Frauen tragen, was sie wollen.
3. Kinder hatten schönes Spielzeug. • Kinder haben Handys und Tablets.
4. Es gab einen deutschen Kaiser. • Es gibt eine Bundeskanzlerin.

❹ A. Meine Oma

Complète les phrases avec l'auxiliaire werden au prétérit.

Meine Oma ... **(1)** im Jahre 1926 geboren, also hat sie den Zweiten Weltkrieg miterlebt. Sie erzählte mir, dass die Stadt im Jahre 1945 bombardiert ... **(2)** und dass viele Denkmäler zerstört ... **(3)**. Zum Glück ... **(4)** sie wieder aufgebaut, so dass man sie heute wieder besichtigen kann.

❹ B. Welterfolg

Explique le succès des livres de Kästner en utilisant le passif au prétérit.

1. *Emil und die Detektive*: 1929 veröffentlichen.
2. Dieses Buch: in über 40 Sprachen übersetzen.
3. Von seinen Büchern: Theaterstücke oder Musicals machen.
4. *Das doppelte Lottchen*: vierzehn mal verfilmen.
5. Seine Werke: auf der ganzen Welt verkaufen.

Aussprachetraining

A. Zusammengesetzte Nomen

Prof. 35
Élève 20

Hör zu und sprich nach. Welche Regel kannst du ableiten?

1. der Ruhm • die Welt • der Weltruhm
2. das Buch • die Kinder • das Kinderbuch
3. das Cover • das Buch • das Buchcover
4. die Bewältigung • die Vergangenheit • die Vergangenheitsbewältigung
5. der Zeuge • das Auge • der Augenzeuge
6. das Zimmer • die Lehrer • das Lehrerzimmer

B. CH oder SCH?

Prof. 36
Élève 21

Hör zu und notiere die fehlenden Buchstaben in deinem Heft. Welche Regel kannst du ableiten?

1. touristi☒
2. dynami☒
3. Ge☒wister
4. eifersü☒tig
5. unverglei☒li☒
6. wegwi☒en
7. wunder☒ön
8. ☒reiben
9. veröffentli☒en
10. Gedi☒t
11. Bü☒er
12. er☒einen
13. Gesell☒aft
14. Mitmen☒en

Das brauchst du für dein Projekt!

Ein moderner Klassiker

I. Bestsellerautor

Erich Kästner
- der / die Schriftsteller/in = der / die Autor/in
- der / die Journalist/in
- der / die Drehbuchautor/in
- schreiben
- veröffentlichen
- das Gedicht
- das Werk
- für Zeitungen arbeiten
- das Kinderbuch
- der / die Verleger/in
- erscheinen
- Bücher verfassen
- übersetzt werden
- die Verfilmung

Erfolgreich
- der Erfolg
- der Ruhm
- der Weltruhm
- bekannt
- berühmt
- beliebt
- erfolgreich
- brandaktuell
- ein Klassiker werden

Heute
- lebendig
- touristisch
- dynamisch
- weltoffen
- grenzenlos
- das Denkmal
- der Wiederaufbau
- rekonstruieren
- hoch berühmt
- verschlafen
- sich mausern
- laut ≠ leise
- das Dorf
- jeder kennt jeden
- krasse Gegensätze
- viele Seiten

Politisch engagiert
- die Gesellschaft kritisieren
- ein Pazifist sein
- die Mitmenschen aufklären
- zur Vergangenheitsbewältigung beitragen
- ein Augenzeuge des 20. Jahrhunderts
- der / die Gegner/in
- die Bücherverbrennung
- das Pseudonym
- die Selbstzensur

2. Rund ums Buch

Bücher
- das Buch
- der Roman
- die Autobiografie
- das Buchcover
- der Klappentext
- von etwas / jemandem erzählen
- von etwas / jemandem handeln
- um etwas / jemandem gehen
- die Handlung
- die Hauptfigur
- der Inhalt
- die Zusammenfassung
- die Sprache
- der Stil
- aus der Sicht = Perspektive von jemanden schreiben
- ein Bestseller sein

Schule
- der / die Lehrer/in
- der / die Schüler/in
- aufmerksam ≠ unaufmerksam
- sich langweilen
- Gespräche führen
- den Unterricht stören
- ärgerlich
- erklären
- einen Brief schreiben
- sich bessern
- berichten
- das Lehrerzimmer

4. Eine Stadt mit Geschichte

Damals
- wunderschön
- edel
- ehrwürdig
- voll Kunst und Geschichte
- das Schloss
- die Kirche
- schlimm und hässlich
- die unvergleichliche Schönheit
- der Turm
- das Museum
- die Silhouette der Stadt
- verschwinden
- wegwischen
- die Trümmer
- die Ruine
- die Wüste

3. Kindheitserinnerungen

Weihnachten
- Einzelkind sein ≠ Geschwister haben
- der Heiligabend
- der Christbaum = der Weihnachtsbaum
- eifersüchtig
- das Geschäft
- das Geschenk
- die Rollschuhe, die Buntstifte, die Malbücher
- das Drama
- der Akt
- die Hauptrolle
- sich freuen
- die Freude

1 Bestsellerautor Kästner. Complète le texte à l'aide des mots proposés.

a. übersetzt **b.** Werke **c.** schreiben **d.** Schriftsteller **e.** Kinderbücher

Erich Kästner ist einer der bekanntesten deutschen **... (1)**. Er wollte eigentlich für die Erwachsenen **... (2)**, doch er ist vor allem für seine **... (3)** bekannt. Seine **... (4)** werden heute auf der ganzen Welt gelesen und wurden in viele Sprachen **... (5)**.

2 Buchstabensalat. Retrouve les mots en t'aidant de la carte mentale.

1. TRNAILOUJS
2. NÖFFICEHNERVETL
3. TIEGDHC
4. NORAM
5. TUNENZIEG

3 Politisch engagiert. Complète avec le verbe qui convient.

1. die Gesellschaft ...
2. ein Pazifist ...
3. die Mitmenschen ...
4. zur Vergangenheitsbewältigung ...

4 Erfolg. Retrouve les mots correspondant aux définitions.

1. die Titelseite eines Buches
2. eine kurze Zusammenfassung der Handlung, die man hinten auf dem Buch findet
3. die wichtigsten Personen im Buch
4. was im Buch passiert
5. die Person, die das Buch schreibt

5 Kindheit. Trouve dans la carte mentale des expressions ou mots équivalents.

1. schreiben
2. Brüder und Schwestern
3. sich unterhalten
4. etwas erzählen
5. den Lehrer nicht arbeiten lassen
6. der Weihnachtsabend

6 Stadt. Complète le texte à l'aide des mots proposés.

a. rekonstruiert **b.** Trümmer **c.** lebendige **d.** zerstört **e.** wunderschöne

Am Anfang des 20. Jahrhunderts war Dresden eine **... (1)** Stadt. Leider wurde sie in nur einer Nacht während des zweiten Weltkrieges **... (2)**. Es blieben nur noch **... (3)** übrig. Zum Glück wurde die Stadt nach dem Krieg **... (4)**, so dass man heute viele historische Gebäude wie den Zwinger oder die Semperoper besichtigen kann. Aus den Ruinen ist wieder eine **... (5)** Stadt geworden.

6 Deutsch macht Spaß!

A. Sieh dir die Illustrationen an. Was machen die Mädchen? Wovon handelt das Gedicht wohl?

B. Hör nun das Gedicht an und lies mit. Waren deine Hypothesen richtig?
Prof. 37

Das verhexte Telefon

Neulich waren bei Pauline
sieben Kinder zum Kaffee.
Und der Mutter taten schließlich
von dem Krach die Ohren weh.

Deshalb sagte sie: »Ich gehe.
Aber treibt es nicht zu toll.
Denn der Doktor hat verordnet,
dass ich mich nicht ärgern soll.«

Doch kaum war sie aus dem Hause,
schrie die rote Grete schon:
»Kennt ihr meine neuste Mode?
Kommt mal mit ans Telefon.«

Und sie rannten wie die Wilden
an den Schreibtisch des Papas.
Grete nahm das Telefonbuch,
blätterte darin und las.

Dann hob sie den Hörer runter,
gab die Nummer an und sprach:
»Ist dort der Herr Bürgermeister?
Ja? Das freut mich. Guten Tag!

Hier ist Störungsstelle[1] Westen.
Ihre Leitung scheint gestört.
Und da wäre es am besten,
wenn man Sie mal sprechen hört.

Klingt ganz gut ... Vor allen Dingen
bittet unsere Stelle Sie,
prüfungshalber was zu singen.
Irgendeine Melodie.«

Und die Grete hielt den Hörer
allen sieben an das Ohr.
Denn der brave Bürgermeister
sang: »Am Brunnen vor dem Tor«.

[1] **die Störungsstelle** le service des réclamations

Weil sie schrecklich lachen mussten,
hängten sie den Hörer ein.
Dann trat Grete in Verbindung
mit Finanzminister Stein.

»Exzellenz, hier Störungsstelle.
Sagen Sie doch dreimal »Schrank«.
Etwas lauter, Herr Minister!
'tschuldigung und besten Dank.«

Wieder mussten alle lachen.
Hertha schrie: »Hurra!«, und dann
riefen sie von neuem lauter
sehr berühmte Männer an.

Von der Stadtbank der Direktor
sang zwei Strophen »Hänschen klein«,
und der Intendant der Oper
knödelte die »Wacht am Rhein«.

Ach, sogar den Klassenlehrer
rief man an. Doch sagte der:
»Was für Unsinn? Störungsstelle?
Grete, Grete! Morgen mehr.«

Das fuhr allen in die Glieder.
Was geschah am Tage drauf?
Grete rief: »Wir tun's nicht wieder.«
Doch er sagte: »Setzt euch nieder.
Was habt ihr im Rechnen auf?«

↑ Erich Kästner, *Das verhexte Telefon* © Atrium Verlag AG, Zürich 1935
Illustrationen von Walter Trier

C. Lies den Infotext. Wer war Walter Trier?

Walter Trier (1890 – 1951)

Zum Erfolg der Bücher Erich Kästners hat in besonderem Maße die Arbeit des Zeichners und Buchillustrators Walter Trier beigetragen. Er hat die berühmtesten Kästner-Bücher illustriert. Seine leuchtenden, farbigen Umschlag-Illustrationen und seine Zeichnungen in den Texten sind unverwechselbar; sie ergänzen den Text auf ideale Weise und strahlen zugleich Witz und Sympathie für die abgebildeten Figuren aus.

↑ © Atrium Verlag

D. Kennst du ein ähnliches Duo bestehend aus Dichter / Schriftsteller und Zeichner?

Zwischenstopp 1

Je **prépare** ma tâche finale

Unser Kästner-Lapbook
Wir erstellen ein Lapbook mit den wichtigsten Daten zum Leben und Werk von Erich Kästner.

Un lapbook est un dossier animé qui peut prendre la forme d'un livre, d'une pochette ou encore d'une feuille pliée, qui rassemble et organise des informations sur un sujet précis de manière ludique : des pochettes ou enveloppes contenant des fiches, des languettes à tirer, des disques à tourner, des volets à rabattre, des post-it à coller et décoller, des illustrations, des schémas, des dessins…

1. ***Nous formons des groupes de trois.***
2. ***Nous rassemblons les informations que nous souhaitons transmettre à nos camarades sur la vie de Kästner et ses œuvres.***
3. ***Nous choisissons les différents éléments que nous allons pouvoir utiliser dans notre lapbook pour mettre en valeur notre propos.***
4. ***Nous réalisons notre lapbook.***

Zwischenstopp 2

Je **prépare** ma tâche finale

Ein toller Vorlesewettbewerb
Wir organisieren einen Vorlesewettbewerb mit Auszügen aus dem Buch *Als ich ein kleiner Junge war.*

1. ***Je choisis, dans l'extrait que j'ai étudié en classe, un passage que je souhaite lire à voix haute à mes camarades.***
2. ***Je m'entraîne à le lire de manière expressive.***
3. ***Je lis mon extrait à la classe et écoute la prestation de mes camarades.***
4. ***En nous aidant de la grille d'évaluation, nous désignons, avec l'aide du professeur, la meilleure prestation.***

Unser Projekt

Je réalise ma tâche finale

Ein unterhaltsamer Erich-Kästner-Nachmittag
Wir veranstalten einen Nachmittag rund um den Autoren und sein Werk.

1 ***Nous organisons tout nous-mêmes. Nous nous mettons d'accord sur :***

- la date, le lieu et l'horaire de la manifestation
- le programme
- les invités

2 ***Nous formons des groupes et nous répartissons les tâches :***

- présenter Erich Kästner, sa vie, ses livres, les autres artistes (écrivains, chanteurs, réalisateurs...) qu'il a influencés
- lire aux invités des extraits de *Als ich ein kleiner Junge war*
- présenter la ville de Dresde, telle que l'auteur l'a connue étant enfant (telle qu'elle apparaît dans *Als ich ein kleiner Junge war*) et telle qu'elle se donne à voir aujourd'hui.

3 ***Nous nous mettons d'accord sur les critères de réussite de l'après-midi.***

4 ***Durant le temps de préparation du projet, nous nous efforçons de ne parler qu'en allemand.***

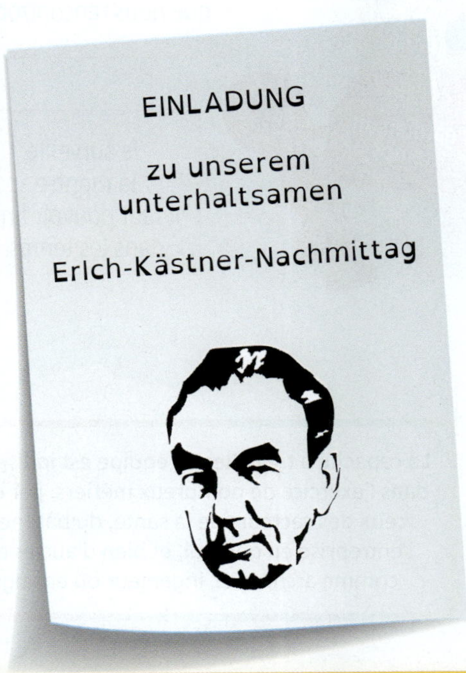

APPRENDRE à travailler en groupe

1

Travailler en groupe, notamment en cours de langue, est très utile pour t'entraîner à la compréhension et à l'expression, et dans le cadre de différents projets. Tu auras à le faire encore plus souvent cette année, pour t'approprier le contenu d'un document ou préparer par exemple une intervention avec tes camarades. Voici quelques conseils pour un travail de groupe réussi.

1 Pour un projet à réaliser : organisez votre travail !

- Un travail de groupe bien mené est **un travail bien organisé** : chacun doit savoir exactement ce qu'il a à faire ! Pour cela, **relisez les consignes** : quelle est la tâche à réaliser ? En combien de temps ?
- **Discutez avec vos camarades** des points à traiter et de la manière dont vous allez vous y prendre. Le travail à effectuer vous paraîtra bien plus clair. **Réfléchissez** : que faut-il faire en priorité ? Et dans un deuxième temps ?
- Pour que le travail soit encore plus efficace, vous pouvez **désigner un « gardien du temps »** qui surveillera la montre, **un porte-parole** qui appellera le professeur au besoin, **un modérateur** qui distribuera la parole et, éventuellement, **un secrétaire** qui notera la production du groupe (même si chacun devra prendre des notes pour garder une trace du travail réalisé).

2 Les clés de la réussite : la coopération et l'entraide

- **À plusieurs, on est plus forts** ! Vous n'avez **pas forcément besoin de l'aide de votre professeur**. Servez-vous d'abord des outils à votre disposition : dictionnaire, lexique et précis de grammaire à la fin du manuel, traces écrites et documents dans le cahier, exercices déjà réalisés, etc.
- Ne sollicitez votre professeur qu'en dernier recours : **apprenez à coopérer et à vous entraider**. Recherchez ensemble **les stratégies** adaptées pour parvenir au résultat, quitte à vous tromper. **Prenez des risques** ! On progresse aussi en faisant des erreurs.
- Chacun peut avoir de bonnes idées. Pour que le travail puisse être efficace, écoutez tous les avis sans vous couper la parole. **Ne parlez pas non plus trop bruyamment**, pour ne pas gêner les autres groupes.

Je gère le niveau sonore de mon groupe. Je distribue la parole. Je m'assure que tout le monde s'écoute.

J'appelle le professeur en cas de besoin et je lui expose le problème que nous rencontrons.

Je surveille la montre. Il faut pouvoir finir dans les temps.

Je centralise les idées / les réponses de mon groupe. Bien sûr, mes camarades m'apportent leur aide !

La capacité à travailler en équipe est indispensable dans l'exercice de nombreux métiers, par exemple ceux des secteurs de la santé, du bâtiment, de l'entreprise en général, et bien d'autres encore, comme architecte, ingénieur ou enseignant.

2

Les obstacles à la compréhension sont fréquents et de différents ordres. Ils peuvent être d'ordre linguistique mais aussi culturel, ou tout simplement relever d'un manque d'information. Joue le rôle d'un intermédiaire en devenant médiateur de la langue et de la culture des pays dont tu apprends la langue. Informe, et favorise ainsi la compréhension ainsi qu'un meilleur vivre ensemble.

1 Ta mission

- Il s'agit de transmettre et d'expliquer à d'autres ce que tu as toi-même découvert en cours d'allemand. **Toutes les occasion seront bonnes** pour cela. Interviens !

2 Auprès de qui ?

- Il peut s'agir de **camarades** de ta classe, de ceux des autres classes, ou encore d'un **public extérieur** (**correspondants allemands**, parents, lecteurs d'un journal de presse ou auditeurs de la radio locale).

3 Par quel biais ?

- La médiation peut prendre la forme d'une **explication**, d'un **résumé**, d'un **compte rendu**, d'un **témoignage** via des exposés, d'une **exposition**, d'**articles** sur le site du lycée, etc.

4 Comment procéder ?

- Il ne s'agit pas d'exprimer un point de vue mais de **transmettre à tes interlocuteurs les informations dont tu dispose**. Il ne t'est pas demandé de traduire un texte ou un document sonore mais d'en restituer un maximum de contenu, de manière à bien informer.

- Choisis **la langue la mieux appropriée à tes interlocuteurs**. Il peut s'agir de l'allemand, du français ou de toute autre langue commune.

Plusieurs métiers nécessitent des compétences de médiation : traducteur ou interprète, diplomate, ambassadeur, médiateur culturel, enseignant...

5 Développe les compétences utiles au médiateur

- **Apprends à interagir** (poser des questions simples, faire des propositions, demander l'avis de l'autre, etc.), à transmettre des informations simples et à expliciter des points de vue différents, dans le but de favoriser la compréhension et le dialogue.

- **Prends en compte ce que tu sais de tes interlocuteurs** (leur identité, leur âge, leur culture) pour mieux établir la communication et les intéresser. Car tel un *Brückenarchitekt*, le médiateur décode les références culturelles pour construire des ponts entre les langues et les cultures.

- Attention : certains mots, expressions, jeux de mots ou proverbes porteurs d'un arrière-plan culturel **ne peuvent pas être traduits à la lettre**. Ainsi, pour être comprise d'un Français, l'expression *wie Gott in Frankreich leben*, qui en dit long sur la vision allemande de la France, pays de la douceur de vivre, doit être traduite par un équivalent : « vivre comme un coq en pâte ».

APPRENDRE à comprendre un message oral ou écrit

3

La compréhension de l'oral et celle de l'écrit sont deux compétences qu'il te faut entraîner. Mais comprendre, c'est d'abord avoir la satisfaction d'accéder à des informations ou à des idées nouvelles et, au-delà, le plaisir de s'ouvrir à l'autre en partageant son univers. Identifier des indices, comme Sherlock Holmes, et les interpréter pour pouvoir ensuite rendre compte du sens et partager ce que tu as découvert, tel est l'objectif. Mais comment y parvenir ? Voici quelques clés.

1 Mets-toi en condition

- Tu vas **forcément comprendre quelque chose**, si tu ne te laisses pas distraire par ton entourage ou déstabiliser par des mots inconnus. Ne perds pas le fil : il te faut **stocker dans ta mémoire les informations au fur et à mesure** que tu les découvres pour en comprendre la logique.
Alors, concentre-toi !

2 Anticipe !

- **Prépare-toi activement** à la lecture ou à l'écoute en repérant **les indices** éventuels : le **titre**, par exemple, te permet de dégager le thème ou l'idée générale et te livre de premières informations qui t'aident à orienter ton attention. Les **images**, les **lignes d'introduction**, le **nom de l'auteur**, le **titre de l'œuvre**, sa **date de publication**, les **notes explicatives**, la **forme** (récit, interview, article de journal, etc.) sont autant de précieux éléments dont tu dois tenir compte. Le **contexte d'énonciation** permet aussi d'anticiper ce que tu vas entendre : qui parle ? À qui ? De quoi ?
- **Appuie-toi sur ce que tu sais déjà**, à savoir ta connaissance du sujet ou de la situation. Car comprendre, c'est aussi reconnaître.
- **Émets des hypothèses** à partir de ces premiers éléments et use de bon sens !

3 Repère puis mets en lien les éléments identifiés

- **Note ou surligne tout ce que tu comprends**, même des mots isolés ou des mots composés que tu ne comprends que partiellement, et mets tous ces éléments en relation.
Tu auras déjà compris beaucoup.
- Souvent, il te faudra aussi **savoir interpréter**. Prête attention aux intonations, aux attitudes, aux expressions des visages. Mets à profit tes connaissances culturelles pour mieux comprendre les situations et percevoir l'implicite.

4 Procède à plusieurs écoutes / lectures

- Plus on se frotte à un document et plus on en affine la compréhension. **Relis ce que tu as notés** pour valider tes hypothèses ou pour les invalider et les rectifier. Et prends du recul pour ne pas tomber dans des pièges éventuels.

5 Reste-t-il des éléments non compris ?

- Ils ne sont peut-être pas importants ! Dis-toi que **comprendre ne signifie pas comprendre chaque mot** mais saisir les idées essentielles.

Les stratégies développées pour comprendre un document dans une langue étrangère te seront utiles pour réussir dans d'autres disciplines ou dans le métier que tu choisiras peut-être d'exercer : traducteur, interprète, mais aussi journaliste, psychologue, médiateur...

APPRENDRE à s'exprimer à l'oral ou à l'écrit

4

S'exprimer dans une langue étrangère est à la portée de chacun/e pour peu que l'on s'y entraîne. Les occasions sont nombreuses en cours d'allemand : un exposé, le compte rendu d'un document étudié en classe, un débat organisé, ou tout simplement une prise de parole au pied levé, pour échanger avec les camarades ou le professeur. Mais pour pouvoir dialoguer, s'exprimer en continu ou encore rédiger un texte, il faut des compétences ! Tu peux les acquérir facilement en suivant les conseils suivants.

1 Fais-toi confiance

- **Mobilise ton lexique !** Fais appel à ta mémoire : tu as acquis, au fil du temps, suffisamment de mots et de tournures pour te faire comprendre, même de manière imparfaite, et il y a souvent plusieurs façons de dire les choses. **N'aie pas peur de faire des erreurs, qui sont inévitables** : les progrès viennent avec la pratique.

2 Sois attentif / attentive

- Lors d'un **échange oral**, sois très **attentif / attentive aux propos de tes interlocuteurs**. Converser avec quelqu'un nécessite que tu le comprennes. Au besoin, demande-lui de répéter.

3 Prépare-toi !

- Une **prise de parole en continu**, pour un exposé ou une présentation, se prépare **avec le plus grand soin**, et la rédaction d'un texte construit nécessite de la méthode.

- **Rassemble et organise tes idées.** Il est attendu de ta part une expression personnelle et non des copier-coller d'informations trouvées sur internet ou la traduction d'un texte préalablement rédigé en français.

- Use de **connecteurs logiques** (*und, denn, aber, also* ...) ou/et chronologiques (*zuerst, dann, zum Schluss* ...) pour être sûr/e d'être bien suivi/e.

- Prévois une **introduction** et une **conclusion** ; **structure ton texte** en paragraphes ou ta prise de parole en différentes parties.

- S'exprimer à l'oral ne signifie pas lire. **Détache-toi de tes notes.** Tu peux hésiter, te reprendre, reformuler, et même marquer des silences pour réfléchir.

- Entraîne-toi en te référant aux **grilles d'(auto-)évaluation** proposées dans le livre : à l'oral, la parole doit être audible et fluide, la prononciation correcte, le ton et la gestuelle adaptés ; à l'écrit, ton texte doit être compréhensible et bien présenté.

4 Pour progresser

- Produis d'abord des **phrases simples**, puis étoffe-les peu à peu, en ajoutant des adjectifs qualificatifs, des compléments (de lieu, de temps, de manière...), voire des subordonnées (*weil, wenn, um ... zu* ...), pour mieux nuancer ou préciser ton propos. Apprends à varier les tournures.

5 Pour une réussite garantie !

- **À l'oral : entraîne-toi !** Plus on s'exerce, plus on gagne en assurance ! Pour un exposé, prévois un support, une image ou un diaporama, qui t'aidera à ne pas perdre le fil. Sinon, prépare un plan succinct avec les mot-clés.

- **À l'écrit : relis-toi !** Vérifie que les verbes sont bien placés et correctement conjugués. Vérifie aussi l'orthographe et la ponctuation.

De nombreux métiers nécessitent des compétences en expression, orale ou écrite : rédacteur, journaliste, commercial, guide touristique, médiateur... Et savoir s'exprimer dans une langue étrangère, notamment en allemand, facilite grandement l'insertion professionnelle.

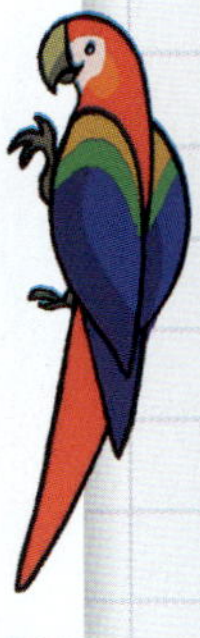

APPRENDRE à utiliser un dictionnaire bilingue

5

Heureusement, il existe des dictionnaires ! On peut y rechercher la signification d'un mot allemand en français ou la traduction d'un mot français en allemand et en vérifier l'orthographe ou le pluriel. Un dictionnaire est donc un allié de taille, mais encore faut-il en connaître les codes. Voici quelques indications pour bien l'utiliser.

1 Avant d'ouvrir le dictionnaire…

- **Prends quelques instants pour réfléchir !** Le mot recherché t'est-il vraiment inconnu ? S'agit-il d'un mot composé, ou dérivé ? Ne peux-tu pas en déduire le sens en le décomposant ou grâce à d'autres éléments de la phrase, du texte ou du contexte ?
- Pour t'exprimer, tu n'auras pas toujours de dictionnaire sous la main. **Mobilise tes connaissances** et apprends à **contourner les difficultés** : ce que tu ne sais pas dire d'une façon, dis-le donc autrement !

2 Apprends les codes

- **Le mots sont classés par ordre alphabétique**. Pour les retrouver, repère l'ordre des lettres : d'abord la première, puis la deuxième, puis la troisième.

Les **entrées** : le mot, appelé « entrée », apparaît en premier, en **caractères gras.**

Les **abréviations** indiquent **la nature des mots**, par exemple : **adj** pour adjectif, **v.t.** pour verbe transitif, **SUBST** pour substantif, etc.

Erfolg <-[e]s, -e> [ɛɐˈfɔlk] SUBST m 1. succès m. 2. résultat m.

La **transcription phonétique** du mot est indiquée entre crochets.

Lorsqu'un mot a **plusieurs sens**, ils sont introduits par un **chiffre** ou une lettre, en commençant d'abord par **le sens premier**.

- **Prends connaissance de toutes les traductions possibles**, de manière à pouvoir choisir la bonne.

Tu veux par exemple traduire « il était perdu dans ses pensées » et tu recherches la traduction du mot « pensée ». La première entrée étant :

pensée [pɑ̃se] SUBST f BOT 1. Stiefmütterchen n.

tu risques de traduire :
Er war in seinen Stiefmütterchen  *verloren.*

au lieu de :
Er war in seinen Gedanken  *verloren.*

Fais attention !

Les **applications pour smartphone** et les **sites de traductions** en ligne ne sont **pas pleinement fiables** : sans vérification, ils peuvent mener à des contresens, voire à des non-sens. Bien souvent, le plus simple et le plus efficace sera de **faire appel à ta mémoire** ou de **rechercher l'information dont tu as besoin dans tes cours**. Enfin, les sites qui te proposent des traductions automatiques de phrases entières ne te seront **pas très utiles à long terme**, car ils ne t'apprendront pas à t'exprimer de manière autonome.

6

Pour se faire bien comprendre, il faut prononcer correctement, mais pour bien prononcer, encore faut-il bien entendre ! Car chaque langue a ses règles de prononciation, ainsi que des sons spécifiques et une mélodie qui la caractérise. Comment se les approprier ? Voici quelques conseils qui t'aideront à éduquer ton oreille et à bien prononcer.

Sprechen Sie Deutsch?

1 Approprie-toi les règles de prononciation

- Une fois que tu connais les règles de prononciation, tu as **très peu de risques de te tromper**. Apprends quelques **principes généraux** :
    - à la différence du français, **toutes les lettres se prononcent**, même le **-e à la fin des mots** (*die Sonne, die Rose, ich wohne, ...*) ;
    - on n'effectue **pas de liaison** entre les mots ;
    - il y a des **accents de mots**, placés sur la première syllabe quand il n'y en a que deux (*morgen, die Deutschen, das Auto, essen, spielen, ...*) ;
    - il y a des **accents de phrases** qui font l'intonation ;
    - certaines **voyelles** sont **courtes**, d'autres **longues** (*bitten / bieten*) ;
    - certains **voyelles** sont **ouvertes**, d'autres **fermées** (*Sonne / Sohn*).

- Certains **sons spécifiques** n'existent pas en français :
    - le **H expiré**, placé en début de mot : entraîne-toi à le prononcer devant un miroir en vérifiant que ton souffle y laisse de la buée. Nombreux sont les mots qui commencent par un **H** (*hallo, haben, Hose, Hemd, Hund, hier, ...*) ;
    - le **CH** après un **E**, un **I** ou une **voyelle avec** *Umlaut*, comme dans *sprechen, ich, nicht* : ce son **n'existe qu'en allemand**. Il se prononce la langue collée au palais ;
    - le **CH après A, O ou U**, comme dans *noch, nach, Buch* : il faut aller chercher le son au fond de la gorge.

L'allemand est la langue la plus parlée en Europe, avec plus de 100 millions de locuteurs natifs. En outre, l'Allemagne est la première puissance économique de la zone euro. Parler l'allemand représente donc un atout inestimable pour ton avenir personnel et professionnel à condition que tu réussisses à te faire comprendre grâce à une prononciation correcte et intelligible.

2 Ouvre l'œil !

- Quand tu lis les mots, repère bien les **différences** : Ä / A, Ö / O, Ü / U, IE / EI, ICH / ISCH, HALT / ALT, HAUS / AUS, SIEH / ZIEH, ...

3 Imprègne-toi de la langue

- **Écoute les enregistrements** proposés sur le site **www.espacelangues.emdl.fr** : tu t'approprieras progressivement la prononciation et l'intonation qui conviennent.

- Écoute régulièrement des **chansons de groupes germanophones**, qui te resteront dans l'oreille même si tu ne les comprends pas. Le rythme t'aidera à repérer les accents de mots et à saisir l'intonation.

4 Entraîne-toi

- **Répète plusieurs fois** les mots difficiles (les mots longs tels que les mots composés, ou encore ceux qui contiennent des sons spécifiques). Reproduise fidèlement les accents de mots et de phrases. Prononce d'abord lentement, en exagérant l'articulation et l'accentuation, puis de plus en plus vite, pour parvenir à une diction fluide et naturelle.

- **Relis à haute voix** les textes abordés en classe. Enregistre-toi et réécoute-toi pour t'améliorer.

- Pour une meilleure articulation, exerce-toi à prononcer des **virelangues** (*Zungenbrecher*).

  En voici trois :

    - *Russische Russen rutschen*
      russische Rutschen russisch runter.
    - *Hinter Herrmann Hansens Haus*
      hängen hundert Hemden raus.
      Hundert Hemden hängen raus
      hinter Herrmann Hansens Haus.
    - *In Ulm und um Ulm und um Ulm herum.*

Précis de grammaire visuel

Sommaire

I. Le groupe nominal

1. La structure du groupe nominal

Pour accompagner un **nom**, on peut avoir un **déterminant**, mais aussi un **adjectif**, ou un autre nom, placé devant, tel le déterminant :

Welcher Verein? Was für ein Verein?

der **Verein**
ein **Verein**
ein toller **Verein**
mein **Verein**
Lenas **Verein**
der **Sportverein**

Le groupe nominal peut avoir aussi des **extensions à droite** :
der Verein von Lena
der Verein meiner Schwester

2. Les genres des noms

Les trois genres

masculin : DER

- Tous les membres de la famille de sexe masculin : **der Vater**, **der Opa**, ...
- Tous les noms se terminant par le suffixe **-er** : **der Lehrer**, **der Computer**, ...
- Tous les noms se terminant par un **-e** qui désignent des personnes de sexe masculin, qu'on appelle aussi « masculins faibles » : **der Junge**, **der Kollege**, ...
- Tous les noms se terminant par un **-ling** (**der Lehrling**, **der Frühling**, ...), **-or** (**der Motor**, **der Reaktor**, ...), et **-ist** (**der Kapitalist**, **der Pazifist**, ...)
- Tous les noms de voitures : **der VW**, **der BMW**, **der Renault**, ...

neutre : DAS

- Tous les noms se terminant par les suffixes **-chen** et **-lein** : **das Mädchen**, **das Hündlein**, ...
- Tous les noms se terminant par **-nis** (**das Ergebnis**, **das Erlebnis**, ...), **-um** (**das Studium**, **das Universum**, ...) et **-o** (**das Auto**, **das Kino**, ...)
- Les noms de pays : **Deutschland**, **Frankreich**, ... **Exceptions** : **die Schweiz**, **die USA**, **die Türkei**.

féminin : DIE

- Tous les membres de la famille de sexe féminin : **die Mutter**, **die Oma**, ...
- Tous les noms se terminant par un **-e** hormis ceux qui désignent des êtres de sexe masculin : **die Garage**, **die Banane**, **die Tasche**, ...
- Tous les noms se terminant par les suffixes **-in** (**die Freundin**, ...), **-ung** (**die Übung**, ...), **-heit** (**die Freiheit**, ...), **-keit** (**die Persönlich-keit**, ...) et **-schaft** (**die Freundschaft**, ...)
- Tous les noms se terminant par les suffixes **-ion** (**die Integration**, ...), **-ik** (**die Physik**, ...) et **-tät** (**die Diversität**, ...)
- De nombreux noms de fleuve : **die Donau**, **die Elbe**, **die Mosel**, ... **Exception** : **der Rhein**, **der Main**, ...

3. Les déterminants et les quantificateurs

Les determinants

der, das, die

article défini : ***le, la, les***
- **der** Mann
- **das** Kind
- **die** Frau
- **die** Leute

dies-

adjectif démonstratif : ***ce / cet, cette, ces***
- **dieser** Mann
- **dieses** Kind
- **diese** Frau
- **diese** Leute

jed-

adjectif indéfini : ***chaque***
- **jeder**
- **jedes**
- **jede**

ein/e

article indéfini : ***un, une, des***
- **ein** Mann
- **ein** Kind
- **eine** Frau
- **Ø** Leute

kein/e

article indéfini négatif
- **kein** Mann
- **kein** Kind
- **keine** Frau
- **keine** Leute

mein/e

adjectif possessif : ***mon, ma mes***
- **mein** Mann
- **mein** Kind
- **meine** Frau
- **meine** Leute

Les quantificateurs (pluriel)

ein wenig, etwas (un peu)
ein wenig Glück, etwas Glück

wenig/e (peu)
wenig Geld, wenige Leute

einige (quelques)
einige Leute

ein paar (quelques)
ein paar Leute

manche (plusieurs)
manche Leute

viel/e (beaucoup ; plusieurs)
viel Glück ; viele Leute

mehrere (plusieurs)
mehrere Stunden

alle (tous)
alle Leute

4. Les déterminants possessifs

singulier		
ich	mein-	mein Vater / Kind meine Mutter meine Eltern
du	dein-	dein Vater / Kind deine Mutter deine Eltern
er / es	sein-	sein Vater / Kind seine Mutter seine Eltern
sie	ihr-	ihr Vater / Kind ihre Mutter ihre Eltern

pluriel		
wir	unser-	unser Vater / Kind unsere Mutter unsere Eltern
ihr	euer / eu(e)re	euer Vater / Kind eu(e)re Mutter eu(e)re Eltern
sie / Sie	ihr- / Ihr-	ihr / Ihr Vater / Kind ihre / Ihre Mutter ihre / Ihre Eltern

Regarde les adjectifs possessifs de 3e personne du singulier : en allemand comme en anglais, on fait la distinction entre un **possesseur masculin** et un **possesseur féminin**.
sein Vater → his father
ihr Vater → her father

5. Le pluriel des noms

Les marques de pluriel

- **-n / -en / -nen**
  - die Frage, Fragen
  - die Frau, Frauen
  - die Freundin, Freundinnen
- **-e**
  - der Hund, Hunde
- **-er**
  - das Kind, Kinder
- **¨-**
  - der Bruder, Brüder
- **¨-e**
  - die Maus, die Mäuse
- **¨-er**
  - der Mann, Männer
- **-**
  - der Lehrer, Lehrer
  - das Mädchen, Mädchen
- **-s**
  - das Auto, Autos
  - der Opa, Opas

Pluriel en -n ou -en :
- tous les noms se terminant par un **-e** (**der Affe/-n, die Tomate/-n**) ;
- tous les masculins faibles (**der Löwe/-n, der Student/-en**) ;
- tous les noms féminins se terminant par **-e** (**die Tasche/-n**), **-ion** (**die Tradition/-en**), **-heit** (**die Freiheit/-en**), **-keit** (**die Süßigkeit/-en**), **-schaft** (**die Freundschaft/-en**), **-tät** (**die Aktivität/-en**), **-ung** (**die Übung/-en**) ;
- les noms se terminant par le suffixe **-in**, qui forment leur pluriel en **-nen** (**die Freundin/-nen**).

Pluriel en -s :
- les noms d'origine étrangère (**das Auto/-s, das Interview/-s**) ;
- les noms désignant des familles entières (**die Webers, die Müllers**) ;
- les noms se terminant par **-a** (**der Opa/-s**), **-o** (**das Foto/s**), **-i** (**die Mutti/-s**), **-y** (**das Hobby/-s**).

Invariables :
- la plupart des noms masculins se terminant par **-er** (**der Lehrer**), **-el** (**der Löffel**), **-en** (**der Schinken**) ;
- les noms neutres se terminant par les suffixes **-chen** ou **-lein** (**das Mädchen, das Männlein**).

Utilisés seulement au singulier : der Hunger, der Durst, die Milch, das Glück, ...

Utilisés seulement au pluriel : die Leute, die Eltern, die Ferien, ...

6. La déclinaison du groupe nominal avec adjectif

• La déclinaison du groupe nominal avec l'article défini le, la, les

	singulier			pluriel
	masculin	neutre	féminin	
nominatif : Das ist / sind ...	der nette Mann	das nette Kind	die nette Frau	die netten Leute
accusatif : Ich kenne ...	den netten Mann	das nette Kind	die nette Frau	die netten Leute
datif : Ich treffe mich mit ...	dem netten Mann	dem netten Kind	der netten Frau	den netten Leuten
génitif : Der Name ...	des netten Mannes	des netten Kindes	der netten Frau	der netten Leute

• La déclinaison du groupe nominal sans déterminant

	singulier			pluriel
	masculin	neutre	féminin	
nominatif : Das ist / sind ...	guter Wein	frisches Brot	frische Milch	leckere Äpfel
accusatif : Ich habe ...	guten Wein	frisches Brot	frische Milch	leckere Äpfel
datif : Ein Essen mit ...	gutem Wein	frischem Brot	frischer Milch	leckeren Äpfeln
génitif : Der Verkauf ...	guten Weines	frischen Brotes	frischer Milch	leckerer Äpfel

• La déclinaison du groupe nominal **avec l'article indéfini**

	singulier			pluriel
	masculin	**neutre**	**féminin**	
nominatif : Das ist / sind ...	ein netter Mann	ein nettes Kind	eine nette Frau	nette Kinder (meine / keine netten Kinder)
accusatif : Ich habe ...	einen netten Mann	ein nettes Kind	eine nette Frau	nette Kinder (meine / keine netten Kinder)
datif : Ich treffe mich mit ...	einem netten Mann	einem netten Kind	einer netten Frau	netten Kindern (meinen / keinen netten Kindern)
génitif : Der Name ...	eines netten Mannes	eines netten Kindes	einer netten Frau	netter Kinder (meiner / keiner netten Kinder)

L'adjectif qualificatif épithète

- Il fait partie du groupe nominal et se place toujours **directement devant le nom** qu'il qualifie.
- Sa terminaison varie non seulement selon **le genre, le nombre** et **la fonction du nom** qu'il qualifie, mais aussi selon **le déterminant** qui introduit le groupe nominal :
  das elegante Restaurant / ein elegantes Restaurant / die vielen Speisen
- Dans un groupe nominal introduit par l'article indéfini **ein**, la terminaison de l'adjectif permet **d'identifier le genre** du nom :
  ein deutscher Schinken (→ der Schinken)
  ein gastronomisches Restaurant (→ das Restaurant)

Rappelle-toi !
Certains adjectifs dérivés de noms de villes ou de pays prennent la terminaison **-er** et sont **toujours invariables** et ils prennent **toujours une majuscule** :
der Genfer See ; **ein Berliner Pfannkuchen** ; **Wiener Walzer** ; **Schweizer Käse**.

7. Le génitif

Pour exprimer **l'appartenance**, on utilise un complément au génitif : **das Haus meines Brieffreundes**

Si le complément est un **nom propre**, on utilise la forme appelée « génitif saxon » : **Maries Haus, Deutschlands Hauptstadt**

Le complément au génitif est alors placé directement devant le nom qu'il complète. Il joue le rôle de déterminant.

Le nom propre prend un **-s**. S'il se termine déjà par un **-s**, ou encore par **-ß**, **-x**, **-z**, on lui ajoute simplement une **apostrophe** :
Jonas' Haus (= **das Haus von Jonas**)

La même forme existe aussi en anglais, mais le nom propre est toujours suivi d'une apostrophe :
Betty's house

II. Les pronoms personnels

	singulier					pluriel			forme de politesse
nominatif	ich	du	er	es	sie	wir	ihr	sie	Sie
accusatif	mich	dich	ihn	es	sie	uns	euch	sie	Sie
datif	mir	dir	ihm	ihm	ihr	uns	euch	ihnen	Ihnen

Les pronoms personnels se déclinent aussi en anglais et en français :
Ich sehe dich. Siehst du mich?
Sag mir etwas!
→ I see you. Do you see me?
Tell me something!
→ Je te vois. Tu me vois ?
Dis-moi quelque chose !

Le pronom personnel peut-être « réfléchi ». Il se décline alors au cas correspondant à **sa fonction par rapport au verbe**.

pronom personnel	verbe conjugué	pronom refléchi
ich	engagiere	mich
du	engagierst	dich
er / es / sie	engagiert	sich
wir	engagieren	uns
ihr	engagiert	euch
sie	engagieren	sich
Sie	engagieren	sich

III. Le groupe verbal

1. Les types de verbes

verbes auxiliaires	**utilisés pour former le futur, certains temps du passé et la voix passive :** • sein, haben, werden	
verbes simples	• gehen, kaufen, kommen, …	
verbes composés	à préverbe **séparable** : **an-, auf-, ein-, aus-, mit-** • ausgehen, einkaufen, ankommen, … **Le préverbe séparable est toujours en fin de proposition :** Er geht aus. **Formation du participe II :** **-ge- s'intercale entre le préverbe et le radical** (ausgegangen)	à préverbe **inséparable** : **be-, emp-, ent-, er-, ge-, miß-, ver-, zer-** • bekommen, erzählen, verkaufen, … **Le préverbe est indissociable du radical :** Verstehst du? **Formation du participe II :** **sans -ge-** (verstanden)
verbes pronominaux	• sich freuen, sich erinnern, …	
verbes de modalité	**= auxiliaires de mode :** • sollen, müssen, können, dürfen, mögen, wollen	
verbes faibles	**= verbes réguliers (les plus nombreux) :** • machen, machte, gemacht • spielen, spielte, gespielt • …	
verbes forts	**irréguliers aux temps du passé :** • sehen, sah, gesehen • kommen, kam, gekommen • schlafen, schlief, geschlafen • schreiben, schrieb, geschrieben • …	**irréguliers au présent : verbes forts en -a et en -e aux 2e et 3e personnes du singulier :** • schlafen, du schläfst • sehen, sie sieht • …
verbes mixtes	**présentent, aux temps du passé, les caractéristiques à la fois des verbes faibles (augment -te au prétérit, terminaison -t au participe II) et des verbes forts (radical modifié) :** • denken, d**a**ch**te**, ged**a**ch**t** • kennen, k**a**nn**te**, gek**a**nn**t** • nennen, n**a**nn**te**, gen**a**nn**t** • …	

2. L'infinitif

Les verbes à l'infinitif se terminent tous par **-en** (**machen, singen, wollen, kaufen**, etc.) sauf **sein** et **tun**.

Ils sont placés **à la fin de la proposition** : **Ich möchte ins Kino gehen.**

3. L'indicatif

3.1. Le présent

- **Les auxiliaires haben, sein et werden**

Les verbes **haben** (avoir), **sein** (être) et **werden** (devenir) peuvent être utilisés aussi comme auxiliaires pour former les temps composés ou la voix passive.

Rappelle-toi ! Tous les auxiliaires sont irréguliers.

haben

ich **habe**
du **hast**
er / es / sie **hat**

wir **haben**
ihr **habt**
sie / Sie **haben**

auxiliaire du parfait : Er hat nichts gesagt.

sein

ich **bin**
du **bist**
er / es / sie **ist**

wir **sind**
ihr **seid**
sie / Sie **sind**

auxiliaire du parfait : Sie ist spät gekommen.

werden

ich **werde**
du **wirst**
er / es / sie **wird**

wir **werden**
ihr **werdet**
sie / Sie **werden**

auxiliaire du futur : Sie wird bald kommen.

auxiliaire du passif : Das Buch wird dieses Jahr verfilmt.

- **Les verbes faibles (réguliers) et forts en -a et en -e**

Les verbes forts en **-a** et en **-e** sont tous irréguliers aux 2e et 3e personnes du singulier !

	verbes faibles	verbes forts en -a	verbes forts en -e
	machen	**schlafen**	**sprechen**
ich	mach**e**	schlaf**e**	sprech**e**
du	mach**st**	schl**ä**f**st**	spr**i**ch**st**
er / es / sie	mach**t**	schl**ä**f**t**	spr**i**ch**t**
wir	mach**en**	schlaf**en**	sprech**en**
ihr	mach**t**	schlaf**t**	sprech**t**
sie	mach**en**	schlaf**en**	sprech**en**
Sie	mach**en**	schlaf**en**	sprech**en**

- Les verbes de modalité et le verbe **wissen**

	wollen	mögen	können	dürfen	müssen	sollen	wissen
ich	will	mag	kann	darf	muss	soll	weiß
du	willst	magst	kannst	darfst	musst	sollst	weißt
er / es / sie	will	mag	kann	darf	muss	soll	weiß
wir	wollen	mögen	können	dürfen	müssen	sollen	wissen
ihr	wollt	mögt	könnt	dürft	müsst	sollt	wisst
sie	wollen	mögen	können	dürfen	müssen	sollen	wissen
Sie	wollen	mögen	können	dürfen	müssen	sollen	wissen

Souviens-toi !
Les verbes de modalité et le verbe **wissen** sont tous **irréguliers aux trois personnes du singulier** (seulement).

Le verbe **wissen** (savoir) se conjugue comme un verbe de modalité !

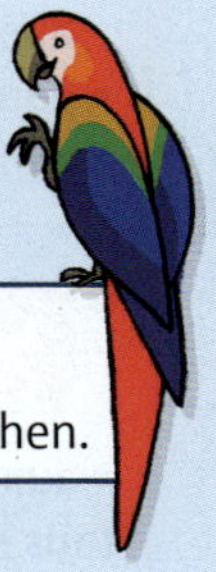

Comment utiliser les verbes de modalité ?

«vouloir»

wollen
= vouloir
Ich will Fußball spielen.

mögen
= vouloir, aimer
Mögen s'utilise plutôt sans verbe à l'infinitif :
Ich mag Pizza.

«pouvoir»

können
= être capable de
Ich kann gut schwimmen.

dürfen
= avoir le droit de
Ich darf heute nicht ins Kino gehen.

«devoir»

müssen
= être obligé
Ich muss die Hausaufgaben machen.

sollen
= devoir (avec différentes nuances)
- **obligation morale :** Man soll sich engagieren! (= Il faut s'engager !)
- **conseil :** Du sollst aufpassen! (= Tu dois faire attention !)
- **injonction :** Sie soll einen Salat mitbringen. (= Elle doit apporter une salade. / Il lui a été demandée d'apporter une salade.)

3.2. Le futur

	singulier	
	werden	**+ infinitif**
ich	werde	... sehen
du	wirst	
er / es / sie	wird	

	pluriel	
	werden	**+ infinitif**
wir	werden	... sehen
ihr	werdet	
sie	werden	
Sie	werden	

3.3. Le prétérit

	verbes faibles	verbes forts	verbes mixtes
	machen	**sehen**	**denken**
ich	mach**te**	s**a**h	d**achte**
du	mach**test**	s**a**h**st**	d**achtest**
er / es / sie	mach**te**	s**a**h	d**achte**
wir	mach**ten**	s**a**h**en**	d**achten**
ihr	mach**tet**	s**a**h**t**	d**achtet**
sie	mach**ten**	s**a**h**en**	d**achten**
Sie	mach**ten**	s**a**h**en**	d**achten**

Attention !

Verbes faibles :
wollen / sollen
→ ich woll**te** / soll**te**

Verbes forts :
sein → ich **war**
werden → ich w**u**rde

Verbes mixtes :
haben
→ ich ha**tte**

müssen / dürfen / mögen / können
→ ich m**u**ss**te** / d**u**rf**te** / m**o**ch**te** / k**o**nn**te**

3.4. Le parfait

sein

= auxiliaire *être*, utilisé pour
- **les verbes d'état** :
  bleiben → ich **bin** ... geblieben
- **pour les verbes de déplacement** :
  gehen → ich **bin** ... gegangen

haben

= auxiliaire *avoir*, utilisé pour tous les autres verbes :
machen → ich **habe** ... gemacht

...

participe II

+ participe passé, toujours placé en fin de proposition :
Sie haben am Wochenende eine Grillparty **gemacht**.

Formation : voir p. 121

3.5. Les emplois des temps de l'indicatif

le passé | **le présent** | **le futur**

prétérit

Le prétérit est un temps du passé. Il est utilisé **plutôt à l'écrit** mais pas exclusivement.

parfait

Le parfait correspond au **passé composé** en français. C'est le temps du récit ou du compte rendu.

présent

On utilise le présent :
- comme en français, **pour parler du présent** ;
- plus souvent encore qu'en français **pour parler de l'avenir** quand il est accompagné d'un adverbe pour éviter l'ambiguïté : **Ich komme morgen.**

futur

On emploie le futur pour parler de l'avenir, mais on l'utilise **moins souvent** qu'en français. Il exprime souvent aussi une **intention** ou une **prédiction** : **Ich werde dir (sicher) schreiben.**

4. La formation du participe I et II

- **Formation du participe I**

radical + **-end** : funktionieren → funktionier**end**

- **Formation du participe II – verbes faibles**

ge- + radical + **-t** : machen → **ge**mach**t**

- **Formation du participe II – verbes forts**

ge- + radical (souvent) modifié + **-en** : gehen → **ge**gang**en**

- **Formation du participe II – verbes mixtes**

ge- + radical modifié + **-t** : denken → **ge**dach**t**

Comme en français, on peut former un adjectif à partir d'un participe :
ein faszinier**end**es Buch / ein gut bezahl**t**er Autor

Attention !
Pour les verbes à préverbe séparable, **on intercale le préfixe -ge- entre le préverbe et la base verbale** :
mitmachen → **mitge**mach**t** ; **weg**gehen → **wegge**gang**en**
Ne prennent pas le préfixe -ge- :
- **les verbes à préverbe inséparable :**
verstehen → **ver**standen ; **be**zahlen → **be**zahlt
- **les verbes en -ieren et ceux empruntés à l'anglais :**
präsentieren → präsentier**t** ; interviewen → interview**t**

5. L'impératif

verbes réguliers	verbes forts en -e
Komm!	Lies!
Kommt!	Lest!
Kommen Sie!	Lesen Sie!

Souviens-toi !
L'impératif est le mode de l'injonction.
Il sert à donner **un ordre** ou **un conseil**, à adresser **une demande** à quelqu'un ou à faire **une suggestion**.
Il est souvent accompagné du mot de politesse **bitte** (« s'il te/vous plait ») qui rend le discours moins autoritaire.

6. Le subjonctif II

Formation du subjonctif II :

- formes de prétérit + **Umlaut** + les terminaisons **-e**, **-st**, **-e**, **-en**, **-t**, **-en**.
  ex. : **dürfen, ich durfte → ich dürfte** ; **kommen, ich kam → ich käme.**
- les auxiliaires **haben**, **sein** et **werden** et les verbes de modalité : formes simples.
- les verbes faibles : la plupart forment leur subjonctif II avec **würde** + **infinitif**.
  ex. : **ich würde sagen, dass ...**
- les autres verbes : si les formes simples existent (**ich käme**, **ich ginge**, **ich fände**, **ich sähe**, ...), on leur préfère souvent les formes composées, plus usuelles.
  ex. : **ich würde kommen, ich würde gehen, ich würde finden, ich würde sehen, ...**

Quelques formes sont utilisées surtout dans un registre de langue soutenu ou littéraire :
ich bräuchte (**brauchen**), **ich wüsste** (**wissen**), **ich käme** (**kommen**), **es ginge** (**gehen**), ...

Emploi :

Le subjonctif II correspond au conditionnel en français :
Wenn ich Geld hätte, würde ich mir ein Auto kaufen.

- On l'utilise aussi pour exprimer un souhait : **Ich würde gern in einer WG leben.**
- On l'emploi également pour donner un conseil ou faire une suggestion :
  Du könntest nächsten Sommer nach Berlin fahren.

Ich würde gern ... → I would like to...

- **Les auxiliaires**

	haben	sein	werden
ich	hätte	wäre	würde
du	hättest	wärst	würdest
er / es / sie	hätte	wäre	würde
wir	hätten	wären	würden
ihr	hättet	wärt	würdet
sie	hätten	wären	würden
Sie	hätten	wären	würden

- **Les verbes de modalité et wissen**

	mögen	können	dürfen	müssen	sollen	wollen	wissen
ich	möchte	könnte	dürfte	müsste	sollte	wollte	wüsste
du	möchtest	könntest	dürftest	müsstest	solltest	wolltest	wüsstest
er / es / sie	möchte	könnte	dürfte	müsste	sollte	wollte	wüsste
wir	möchten	könnten	dürften	müssten	sollten	wollten	wüssten
ihr	möchtet	könntet	dürftet	müsstet	solltet	wolltet	wüsstet
sie	möchten	könnten	dürften	müssten	sollten	wollten	wüssten
Sie	möchten	könnten	dürften	müssten	sollten	wollten	wüssten

7. La voix passive

formation	en français (*être* + participe)	en allemand (werden + participe II)	
présent	je suis invité/e par... tu es invité/e il/elle est invité/e ----- nous sommes invité/e/s vous êtes invité/e/s ils/elles sont invité/e/s vous êtes invité/e/s	ich **werde** du **wirst** er / es / sie **wird** ----- wir **werden** ihr **werdet** sie **werden** Sie **werden**	von ... eingeladen
passé	j'ai été invité/e par... tu as été invité/e il/elle a été invité/e ----- nous avons été invité/e/s vous avez été invité/e/s ils/elles ont été invité/e/s vous avez été invité/e/s	ich **wurde** du **wurdest** er / es / sie **wurde** ----- wir **wurden** ihr **wurdet** sie **wurden** Sie **wurden**	von ... eingeladen

8. La forme impersonnelle avec wird

On l'appelle également **« passif impersonnel »** car elle se forme, comme le passif, avec l'auxiliaire **werden** et le participe II.

Il s'agit d'une forme particulière, **souvent utilisée sans sujet**, qui n'existe qu'en allemand : **Heute wird gegrillt!**

On la traduit par « on » : « Aujourd'hui, on fait des grillades. »

Le verbe conjugué étant toujours placé en seconde position, on a recours, éventuellement, au pronom impersonnel **es** pour occuper la première place : **Es wird (heute) gegrillt!**

IV. La phrase

1. La phrase indépendante

1.1. La déclarative

- **La place du verbe conjugué dans la phrase déclarative**

sujet ou complément ou proposition subordonnée	verbe conjugué	sujet	complément ou proposition subordonnée
Er	**kommt**		vielleicht morgen.
Vielleicht	**kommt**	er	morgen, wenn er Zeit hat.
Wenn er Zeit hat,	**kommt**	er	vielleicht morgen.

• L'ordre des compléments dans la phrase

Ich habe	meiner Schwester (COI substantif)	das Buch (COD substantif)	gezeigt.
Ich habe	es (COD pronom)	meiner Schwester (COI substantif)	gezeigt.
Ich habe	ihr (COI pronom)	das Buch (COD substantif)	gezeigt.
Ich habe	es (COD pronom)	ihr (COI pronom)	gezeigt.

- Si le **COD** et le **COI** sont tous les deux des **substantifs**, alors le **COI** se place devant le **COD**.
- Si le **COD** et le **COI** sont tous les deux des **pronoms**, alors le **COD** se place devant le **COI**.
- Si l'un est **un substantif** et l'autre **un pronom**, alors il faut toujours placer **le pronom devant le substantif**.

1.2. Les interrogatives globale et partielle

• La place du verbe conjugué dans la phrase interrogative

pronom interrogatif	verbe conjugué	sujet	complément(s)
	Kommt	sie	morgen?
Warum	Kommt	sie	morgen?

• Les mots interrogatifs

Les pronoms interrogatifs :

Wer? Qui ?
Wie? Comment ?
Was? Quoi ?
Wo? Où ?
Wohin? Où (vas-tu) ?
Woher? D'où (viens-tu) ?
Wann? Quand ?
Wie viel? Combien ?
Warum? Pourquoi ?
Weshalb? Pourquoi ?
Wozu? Dans quel but ?
Welcher/-es /-e? Quel ? / Quelle ?
Was für ein / eine? Quelle sorte de (club) ?

Les combinaisons avec wie :

Wie lange? Combien de temps ?
Wie alt? Quel âge ?
Wie groß? Quelle taille ?
Wie weit? À quelle distance ?
Wie schnell? À quelle vitesse ?
Wie oft? À quelle fréquence ?
Wie viel Uhr? Quelle heure ?
Inwiefern? Dans quelle mesure ?

Les pronoms interrogatifs composés avec wo- :

Woran denkst du?
Wofür engagierst du dich?
Wogegen demonstrieren die Leute?
Womit schreibst du?
Wovon sprichst du?
Worüber berichtest du?

2. La phrase complexe

2.1. La structure de la phrase

La phrase complexe est composée d'au moins deux propositions : **une principale** et **une subordonnée**.
La proposition principale et la proposition subordonnée sont séparées par **une virgule**.
Dans une proposition subordonnée, **le verbe conjugué** est toujours **en dernière** position.

- **Ich weiß, dass er sehr engagiert ist.** (principale + subordonnée complétive)
- **Ich frage mich, ob / warum er da ist.** (principale + subordonnée interrogative indirecte)
- **Er ist nicht da, weil er krank ist.** (principale + subordonnée conjonctive)
- **Er arbeitet, um etwas Geld zu verdienen.** (principale + subordonnée infinitive de but)
- **Die Leute, die hier wohnen, sind sehr nett.** (principale + subordonnée relative)
- **Der Ort, wo ich wohne, ist ziemlich klein.** (principale + subordonnée relative)

Une phrase complexe peut aussi comporter **un infinitif complément** :

- **Er arbeitet, um etwas Geld zu verdienen.**

L'infinitif complément est également **précédé d'une virgule**.

2.2. Les différents types de subordonnées

La subordonnée

avec conjonction de subordination
- ..., dass
- ..., weil
- ..., ob
- ..., als
- ..., während
- ..., damit
- ..., wenn
- ..., da
- ...

avec pronom interrogatif
- ..., wann
- ..., warum
- ..., wer
- ..., wie
- ..., wo
- ...

avec pronom relatif
- ..., der
- ..., den
- ..., die
- ..., das
- ..., wer
- ..., wo
- ..., was
- ...

2.3. L'infinitif complément – La proposition infinitive

L'infinitif se place **à la fin de la proposition**. En allemand comme en français, il peut être précédé d'une préposition :

- **zu** : de, à
  Er hat keine Lust, Mathe zu lernen. (Il n'a pas envie de...)
- **um ... zu** : pour
  Er bleibt zu Hause, um Mathe zu lernen. (Il reste à la laison pour...)
- **anstatt ... zu** : au lieu de
  Er spielt am PC, anstatt Mathe zu lernen. (Il joue à l'ordinateur au lieu de...)

Le groupe infinitif peut être introduit par **um** et **anstatt**.

Zu est toujours placé **directement devant le verbe à l'infinitif**.

Dans un verbe à préverbe séparable, **zu** s'intercale **entre le préverbe et la base du verbe** : **Ich habe keine Lust, mir das Video anzusehen.**

zu = to en anglais !
- Es ist wichtig, Freunde zu treffen. → It is important to meet friends.
- Ich spiele Fußball, um Freunde zu treffen. → I play football in order to meet friends.

3. Les connecteurs

3.1. Les conjonctions de coordination

- **und** : et
- **oder** : ou
- **aber** (précédé d'une virgule) : mais
- **denn**, **nämlich** : en effet
- **doch** : cependant, pourtant
- **nicht nur ..., sondern auch** : pas seulement ... mais aussi
- **zwar ..., aber** : certes ... mais
- **sowohl ... als auch** : aussi bien ... que

3.2. Les adverbes / locutions adverbiales logiques et chronologiques

connecteurs logiques	connecteurs chronologiques
• **trotzdem** : malgré tout • **dagegen** : par contre • **daher / darum / deshalb / deswegen** : c'est pourquoi • **aus diesem Grund** : pour cette raison • **also** : donc	• **zuerst / erstens** : d'abord • **dann** : ensuite • **schließlich / zum Schluss** : finalement • **seither / seitdem** : depuis • **vorher** : auparavant • **nachher** : après • **bisher** : jusqu'ici, jusqu'à présent • **früher / damals** : autrefois, à cette époque-la • **heute / heutzutage** : aujourd'hui, de nos jours

3.3. Les conjonctions de subordination

- **dass** : que (complétif)
- **ob** : si (interrogation indirecte)
- **weil / da** : parce que
- **obwohl** : bien que
- **(auch) wenn** : si (condition), quand (toutes les fois que)
- **als** : quand (au moment où, à époique où, la fois où...)
- **während** : (conjonction) tandis que (opposition)
- **bevor** : avant que
- **nachdem** : après que
- **solange** : tant que
- **bis** : jusqu'à ce que
- **damit** : afin que
- **indem** : en (+ participe présent)
- **sodass** : si bien que (conséquence)
- **so ..., dass** : si / tellement... que

3.4. Les pronoms relatifs

Les pronoms relatifs introduisent des propositions suboronnéees relatives.

Ils adoptent le **même genre** et le **même nombre** que leur antécédent.
Ils se déclinent **au cas qui correspond à leur fonction** dans la proposition subordonnée relative.

- **Ich liebe diese Uhr, die so stylisch ist. (= Die Uhr ist stylisch.)**
- **Der Erfinder, den ich kenne, ist Schweizer. (= Ich kenne den Erfinder.)**

Was, **wer** et **wo** peuvent aussi être des pronoms relatifs :

- **Sport ist das, was die Menschen verbindet. / Wer will, der kann.**

4. La ponctuation

En allemand, les propositions principales et subordonnées sont séparées **par une virgule** :

Die Menschen ziehen in die Peripherie, weil die Mieten in der Innnenstadt steigen.

En allemand comme en français, les différents éléments d'une énumération sont séparés par une virgule :

Wir haben in Berlin den Reichstag, den Berliner Dom, die Siegessäule und den Alexanderplatz besucht.

À la **différence du français**, les compléments circonstantiels placés en début de phrase ne sont **jamais suivis d'une virgule** :

Gestern Abend haben wir gemeinsam „Tatort" gesehen.

V. La négation

La negation avec nicht et kein-

- **Devant un nom**, on utilise le déterminant négatif **kein-** :
  Er hat keinen Wagen, keine Zeit und kein Geld.
  Celui-ci se décline comme **ein-**.
- **Dans tous les autres cas**, on utilise l'adverbe **nicht** :
  Er kommt nicht. Er will nicht kommen. Er ist nicht alt.

Les mots de négation

- **kein-** (déterminant négatif portant sur le nom devant lequel il est placé) : pas de
- **nicht** (adverbe portant sur un verbe, un adverbe ou un adjectif) : ne ... pas f
- **nichts** (adverbe) : rien **(Ich habe nichts gekauft.)**
- **nie(mals)** (adverbe) : (ne ...) jamais **(Ich würde das niemals tun.)**
- **nirgendwo** (adverbe) : nulle part **(Man lebt nirgendwo besser, als in Zürich.)**
- **niemand** (pronom) : personne **(Es war niemand da.)**

VI. Les degrés de comparaison

• Le comparatif

égalité		**so** (adjectif) **wie** **genauso** (adjectif) **wie**	Er ist **so** groß **wie** sie. Sie ist **genauso** groß **wie** ihr Bruder.
supériorité		(adjectif) + **-er als**	Er ist größ**er als** sie.
infériorité		**nicht so** (adjectif) **wie**	Er ist **nicht so** groß **wie** sie.

Rappelle-toi !
Sauf exceptions, **les adjectifs d'une seule syllabe** prennent un **Umlaut** au comparatif de supériorité et au superlatif :
alt • älter • älteste/r/s
groß • größer • größte/r/s
kurz • kürzer • kürzeste/r/s

Mais attention : seuls le **a**, le **o** et le **u** peuvent être infléchis.

Plus... plus... avec un adjectif = **je** + comparatif **..., desto** + comparatif :
Je größer die Wohnung, desto höher ist die Miete.

• Le superlatif

adjectif	der / das / die schnellste	(adjectif) + **-st** (+ terminaison)	Er ist der schnell**st**e Schüler der Klasse.
adverbe	am schnellsten	**am** (adjectif) + **-sten**	Er läuft **am** schnell**sten**.

- Les adjectifs se terminant par **-t** , **-d** , **-s** ou **-z** intercalent un **-e-** devant le suffixe **-st** : **ält*e*ste.**
- Les adverbes aussi s'utilisent au comparatif et au superlatif :

Jonas läuft schnell. → Urs und Markus laufen noch schneller. → Wer läuft am schnellsten?
Lena tanzt gut. → Ihre Freundinnen tanzen noch besser. → Wer tanzt am besten?

Comme en anglais et en français, certaines formes de comparatif et de superlatif sont irrégulières.

gut → good → bien, bon
besser → better → mieux/meilleur
der beste / am besten → the best → le mieux/meilleur

viel → many → beaucoup
mehr → more → plus
am meisten → the most → le plus

VII. Les groupes prépositionnels

1. Les prépositions

Prépositions toujours suivies de l'accusatif

- **durch** : à travers, par
- **für** : pour
- **gegen** : contre
- **ohne** : sans
- **um** : autour de

Prépositions suivies tantôt de l'accusatif, tantôt du datif

- **an** : près de
- **auf** : sur
- **in** : en
- **neben** : à côté de
- **hinter** : derrière
- **über** : au-dessus de, au sujet de
- **unter** : sous, parmi
- **vor** : devant, avant
- **zwischen** : entre

Prépositions toujours suivies du datif

- **aus** : de, hors de
- **bei** : chez
- **mit** : avec
- **nach** : vers, après
- **seit** : depuis
- **von** : de
- **zu** : à, vers, chez

Prépositions suivies du génitif

- **dank** : grâce à
- **während** : pendant
- **wegen / aufgrund** : à cause de

2. Les compléments circonstanciels

- Les compléments de lieu

Avec cas fixe

- **aus** (+ datif) : **Er kommt aus meiner Stadt.**
- **bei** (+ datif) : **Sie wohnt noch bei ihren Eltern.**
- **um** (+ accusatif) : **Wir gehen um das Rathaus.**
- **von** (+ datif) : **Er kommt vom Skaten.**
- **zu** (+ datif) : **Kommst du zu mir?**

Rappelle-toi !
Selon que le complément indique **le lieu où l'on est (locatif)** ou **le lieu on l'on va (directif)**, ces prépositions seront suivies du datif ou de l'accusatif.

Avec accusatif (directif) ou datif (locatif)

Wohin? Paul geht **in die** Ecke.
Wo? Jetzt sitzt er **in der** Ecke.

Paul fliegt **hinter den** Schrank.
Jetzt ist er **hinter dem** Schrank

Paul geht **unter das** Bett.
Jetzt ist er **unter dem** Bett.

Wohin? Paul geht **an die** Wand.
Wo? Jetzt sitzt er **an der** Wand.

Paul fliegt **vor die** Tür.
Er fliegt **vor der** Tür herum.

Er setzt sich **neben das** Regal.
Jetzt sitzt er **neben dem** Regal.

Wohin? Paul setzt sich **auf den** Tisch.
Wo? Jetzt sitzt er **auf dem** Tisch.

Paul fliegt **über das** Regal.
Er fliegt **über dem** Regal herum.

Er setzt sich **zwischen die** Lampe und **den** Tisch.
Er sitzt **zwischen der** Lampe und **dem** Tisch.

- Les compléments de temps

Introduits par une préposition :

- **in / im** + une époque, une saison, une année, un mois, une semaine, la nuit : **in den letzten Wochen, im kommenden Jahr**
- **am** + un moment de la journée, un jour, une date: **am Morgen, am Montag, am 3. Oktober**
- **um** (+ heure) : **um 11 (Uhr)**
- **vor** (+ datif) pour marquer l'antériorité : **vor dem Essen**
- **nach** (+ datif) : pour indiquer la postériorité : **nach dem Essen**
- **von ... bis ...** pour indiquer une durée : **von 1961 bis 1989**
- **zwischen** (+ datif) : **zwischen heute und morgen**
- **seit** (+ datif) : **seit 1989, seit Montag**
- **während** (+ génitif) pour indiquer la simultanéité : **während des Kriegs**
- **als Kind = als ich ein Kind / klein war** : « quand j'étais enfant »
- **zu** + jour de fête : **zu Weihnachten, zum Geburtstag**

À l'accusatif sans préposition :

- **nächstes Jahr : Nächstes Jahr feiern wir in Berlin Silvester.**
- **eine Stunde : Wir haben eine Stunde gechattet.**
- **Monate : Die Vorbereitungen haben Monate gedauert.**

3. Les verbes à objet prépositionnel

Les verbes à objet prépositionnel

+ accusatif

auf
- **auf ... achten** (faire attention à)
- **auf ... ankommen** (dépendre de)
- **sich auf ... freuen** (se réjouir d'une chose à venir)
- **auf ... warten** (attendre)
- **auf ... antworten** (répondre à)

an
- **an ... denken** (penser à)
- **sich an ... erinnern** (se souvenir de)
- **sich an ... gewöhnen** (s'habituer à)
- **an ... glauben** (croire en)

für
- **sich für ... entscheiden** (opter pour)
- **sich für ... interessieren** (s'intéresser à)

über
- **über ... berichten** (informer de/ sur)
- **über ... diskutieren** (discuter de)
- **sich über ... freuen** (se réjouir d'une chose présente)
- **über ... sprechen** (parler de)

um
- **um ... gehen** (s'agir de)
- **sich um ... handeln** (traiter de)
- **sich um ... kümmern** (s'occuper de)

+ datif

aus
- **aus ... bestehen** (consister en/à)

an
- **sich an ... beteiligen** (participer à)
- **an ... teilnehmen** (participer à)
- **an ... zweifeln** (douter de)

mit
- **mit ... anfangen** (commencer par)
- **mit ... beginnen** (commencer par)

nach
- **nach ... fragen** (s'enquérir de)

von
- **von ... abhängen** (dépendre de)
- **von ... handeln** (traiter de)
- **von ... halten** (penser de)
- **sich von ... unterscheiden** (se distinguer de)
- **von ... träumen** (rêver de)

vor
- **sich vor ... fürchten** (craindre, avoir peur de)

zu
- **zu ... einladen** (inviter à)
- **zu ... gehören** (appartenir à)

infinitif	prétérit	parfait	traduction	présent
haben	hatte	hat gehabt	avoir	hat
sein	war	ist gewesen	être	ist
werden	wurde	ist geworden	devenir	wird
a	**i(e)**	**a**		
fallen	fiel	ist gefallen	tomber	fällt
fangen	fing	hat gefangen	attraper	fängt
halten	hielt	hat gehalten	tenir	hält
lassen	ließ	hat gelassen	laisser, laisser faire	lässt
laufen	lief	ist gelaufen	courir	läuft
raten	riet	hat geraten	conseiller, deviner	rät
schlafen	schlief	hat geschlafen	dormir	schläft
a	**u**	**a**		
fahren	fuhr	ist / hat gefahren	aller (en roulant), conduire	fährt
laden	lud	hat geladen	charger	lädt
schlagen	schlug	hat geschlagen	frapper	schlägt
tragen	trug	hat getragen	porter	trägt
wachsen	wuchs	ist gewachsen	grandir, pousser	wächst
waschen	wusch	hat gewaschen	laver	wäscht
e	**a**	**a**		
denken	dachte	hat gedacht	penser	denkt
kennen	kannte	hat gekannt	connaître	kennt
nennen	nannte	hat genannt	nommer	nennt
stehen	stand	hat gestanden	être debout, être posé/e (verticalement)	steht
verstehen	verstand	hat verstanden	comprendre	versteht
e	**a**	**e**		
essen	aß	hat gegessen	manger	isst
fressen	fraß	hat gefressen	manger (pour un animal)	frisst
geben	gab	hat gegeben	donner	gibt
geschehen	geschah	ist geschehen	survenir, se passer	geschieht
sehen	sah	hat gesehen	voir	sieht
vergessen	vergaß	hat vergessen	oublier	vergisst
e	**a**	**o**		
befehlen	befahl	hat befohlen	ordonner	befiehlt
brechen	brach	hat gebrochen	casser	bricht
helfen	half	hat geholfen	aider	hilft
nehmen	nahm	hat genommen	prendre	nimmt
sprechen	sprach	hat gesprochen	parler	spricht
stehlen	stahl	hat gestohlen	voler, dérober	stiehlt
sterben	starb	ist gestorben	mourir	stirbt
treffen	traf	hat getroffen	rencontrer	trifft
werfen	warf	hat geworfen	jeter	wirft
e	**i**	**a**		
gehen	ging	ist gegangen	aller	geht
ei	**ie**	**ei**		
heißen	hieß	hat geheißen	s'appeler	heißt
ei	**i(e)**	**i(e)**		
beißen	biss	hat gebissen	mordre	beißt
bleiben	blieb	ist geblieben	rester	bleibt
greifen	griff	hat gegriffen	attraper	greift
leihen	lieh	hat geliehen	prêter	leiht

infinitif	prétérit	parfait	traduction	présent
scheinen	schien	hat geschienen	sembler, briller	scheint
schreiben	schrieb	hat geschrieben	écrire	schreibt
schreien	schrie	hat geschrien	crier	schreit
schweigen	schwieg	hat geschwiegen	se taire	schweigt
steigen	stieg	ist gestiegen	monter	steigt
streiten (sich)	stritt (sich)	hat (sich) gestritten	(se) disputer	streitet

i	a	a		
bringen	**brachte**	**hat gebracht**	apporter	bringt

i	a	e		
bitten	bat	hat gebeten	prier, demander	bittet
liegen	lag	hat gelegen	être couché/e, être posé/e (horizontalement)	liegt
sitzen	saß	hat gesessen	être assis/e	sitzt

i	a	o		
beginnen	begann	hat begonnen	commencer	beginnt
gewinnen	gewann	hat gewonnen	gagner	gewinnt
schwimmen	schwamm	ist geschwommen	nager	schwimmt

i	a	u		
binden	band	hat gebunden	attacher	bindet
finden	fand	hat gefunden	trouver	findet
gelingen	gelang	ist gelungen	réussir	gelingt
singen	sang	hat gesungen	chanter	singt
springen	sprang	ist gesprungen	sauter	springt
trinken	trank	hat getrunken	boire	trinkt
verschwinden	verschwand	ist verschwunden	disparaître	verschwindet
zwingen	zwang	hat gezwungen	obliger, contraindre	zwingt

ie	o	o		
biegen	bog	hat gebogen	courber, plier	biegt
bieten	bot	hat geboten	offrir	bietet
fliegen	flog	ist geflogen	voler (avion, oiseau)	fliegt
fliehen	floh	ist geflohen	s'enfuir	flieht
fließen	floss	ist geflossen	couler (eau)	fließt
frieren	fror	hat gefroren	avoir froid, geler	friert
riechen	roch	hat gerochen	sentir	riecht
schließen	schloss	hat geschlossen	fermer	schließt
verlieren	verlor	hat verloren	perdre	verliert
ziehen	zog	hat gezogen	tirer	zieht

i	u	u		
wissen	wusste	hat gewusst	savoir	weiß

o	a	o		
kommen	kam	ist gekommen	venir	kommt

u	a	a		
tun	tat	hat getan	faire	tut

u	ie	u		
rufen	rief	hat gerufen	appeler	ruft

ü	o	o		
betrügen	betrog	hat betrogen	tromper	betrügt
lügen	log	hat gelogen	mentir	lügt

Lexique allemand - français

Ce lexique comprend les mots importants du manuel. Chaque mot a été traduit en fonction du sens qu'il revêt dans l'unité où il apparaît (le numéro de l'unité est indiqué en couleur).
Les préverbes séparables sont indiqués par une barre verticale, les changements de voyelles des verbes irréguliers sont signalés entre parenthèses.

Abréviations
Sg. : seulement au singulier
Pl. : seulement au pluriel
A : accusatif
D : datif
G : génitif

A

Abendessen, das (-) dîner | U5
Abenteuer, das (-) aventure | U4
abenteuerlich riche en aventures | U4
Akt, der (-e) acte | U6
Aktion, die (-en) action | U2
Aktionskünstler, der (-) / Aktionskünstlerin, die (-nen) artiste de performance | U2
allein seul/e | U5
Alltag, der (Sg.) quotidien | U2
Alpen, die (Pl.) Alpes | U2
alt vieux / vieille | U4
alternativ alternatif / alternative | U5
Ambiente, das (Sg.) ambiance | U3
Amtssprache, die (-n) langue officielle | U2
Angebot, das (-e) offre | U3
Angst, die (¨-e) (Angst haben) peur (avoir peur) | U4
an|melden déposer | U2
an|sehen (sich) (+D) (ie-a-e) regarder | U1
Anteil haben (an +D) prendre une part active à | U2
Anteil, der (-e) part | U2
arbeiten travailler | U6
Arbeitslosigkeit, die chômage | U3
Architekt, der (-en) / Architektin, die (-nen) architecte | U3
Architektur, die (Sg.) architecture | U3
ärgerlich avec agacement | U6
arm pauvre | U4
Armut, die (Sg.) pauvreté | U3
Art, die (-en) façon, manière | U5
Aspekt, der (-e) aspect | U2
Aufbruch, der (Sg.) départ | U3
auf|klären éclairer, informer | U6
aufmerksam attentif / attentive | U6
Aufräumaktion, die (-en) rangement | U2
auf|räumen ranger | U2
auf|wachsen (in +D) (ä-u-a) grandir | U2
Augenzeuge, der (-n) / Augenzeugin, die (-nen) témoin oculaire | U6
aus der Sicht (von +D) du point de vue de | U6
Ausländer, der (-) / Ausländerin, die (-nen) étranger / étrangère | U2
außerhalb (+G) en dehors de | U2
aus|tauschen, sich parler, échanger (ses impressions) | U3
Auto, das (-s) voiture | U5
Autobiografie, die (-n) autobiographie | U6
Autor, der (-en) / Autorin, die (-nen) auteur | U4
Avantgarde, die (-n) avant-garde | U3

B

Balkon, der (-s/-e) balcon | U1
Ballade, die (-n) ballade | U3
Bankrott, der (-e) faillite, banqueroute (**vor dem Bankrott stehen** être au bord de la faillite) | U3
Barockgebäude, das (-) bâtiment baroque | U3
bauen construire, bâtir | U3
bedrückend déprimant/e, oppressant/e | U2
beeindruckend impressionnant/e | U2
beeindruckt impressionné/e | U2
beeinflussen influencer | U3
beherrschen maîtriser | U2
bei jedem Wetter par tous les temps | U1
bei|tragen (zu +D) (ä-u-a) contribuer à | U6
bekannt célèbre | U2
beliebt apprécié/e, populaire | U1
benutzen utiliser | U5
Bereich, der (-e) domaine, secteur | U2
Berg, der (-e) montagne | U2
Bergspitze, die (-n) pic | U4
berichten rapporter, raconter | U6
berühmt célèbre | U2
bessern, sich s'améliorer | U6
bestehen (aus +D) (e-a-a) se composer de | U2
Bestseller, der (-) best-seller | U4
besuchen visiter, assister à | U1
besuchen (eine Schule / Uni) aller à | U3
Bevölkerung, die (-en) population | U2
bewachen surveiller | U4
bewahren préserver | U2
Bewegung, die (-en) mouvement | U5
Bewohner, der (-) / Bewohnerin, die (-nen) habitant/e | U5
bewundern admirer | U3
Bild, das (-er) image | U4
billig bon marché | U2
Blütezeit, die (Sg.) époque d'une grande prospérité | U3
böse méchant/e | U4
Bösewicht, der (-e) gredin | U4
Branche, die (-n) branche, secteur | U2
brandaktuell d'une actualité brûlante | U6
Brettspiel, das (-e) jeu de table | U1
Brief, der (-e) lettre | U6
Briefwechsel, der (-) correspondance | U3
Buch, das (¨-er) livre | U4
Buchcover, das (-) couverture de livre | U6
Bücherei, die (-en) bibliothèque | U4
Bücherverbrennung, die (-en) autodafé (de livres) | U6
bunt en couleurs, multicolore | U3
Buntstift, der (-e) crayon de couleur | U6
Bus, der (-se) bus | U5

C

Café, das (-s) café | U5
Charakter, der (-e) caractère | U5
Christbaum, der (¨-e) arbre de Noël | U6
Collage, die (-n) collage | U4
Computerspiel, das (-e) jeu sur ordinateur | U1
Cover, das (-) couverture | U4

D

Dadaismus, der (Sg.) dadaïsme | U2
DDR-Zeit, die période de la RDA | U3
Deko → Dekoration, die (Sg.) déco → décoration | U5
demokratisch démocratique | U3
demonstrieren (für / gegen +A) manifester (pour / contre) | U3
Denken, das (Sg.) pensée | U3
Denker, der (-) / Denkerin, die (-nen) penseur / penseuse | U3
Denkmal, das (-e /¨-er) monument | U6
Design, das (-s) design, style | U3
Dialekt, der (-e) dialecte | U2
Dichter, der (-) / Dichterin, die (-nen) poète / poétesse | U3
Dichtung, die (-en) poésie | U3
Diktatur, die (-en) dictature | U3
Diversität, die (Sg.) diversité | U2
Dorf, das (¨-er) village | U6
Drache, der (-n) dragon | U4
Drama, das (Dramen) drame | U6
Drehbuchautor, der (-en) / Drehbuchautorin, die (-nen) scénariste | U6
Dritte Reich, das Troisième Reich | U3
dunkel sombre | U4
durch|lesen (ie-a-e) lire en entier | U4
dynamisch dynamique | U6

E

E-Bike, das (-s) vélo électrique | U5
eckig carré/e, anguleux / anguleuse | U3
edel noble | U6
ehrenamtlich bénévolement | U1
ehrwürdig vénérable | U6
eifersüchtig jaloux / jalouse | U6
eigen propre | U2
eigenartig bizarre, singulier / singulière | U2
einander mutuellement | U5
Eindruck, der (¨-e) impression | U2
Einfluss, der (¨-e) influence | U3
ein|laden (zu +D) (ä-u-a) inviter | U5
ein|richten aménager | U5
ein|richten, sich se meubler | U5

Einrichtung, die (-en) aménagement (intérieur) | U5
einsam seul/e | U5
Einwohner, der (-) / Einwohnerin, die (-nen) habitant/e | U2
Einwohnerzahl, die (-en) nombre d'habitants | U2
Einzelkind, das (-er) enfant unique | U6
engagieren, sich s'engager | U1
entdecken découvrir | U5
entspannt détendu/e | U3
entwickeln développer | U2
Epoche, die (-n) époque | U2
erfinden (i-a-u) inventer | U2
Erfinder, der (-) / Erfinderin, die (-nen) inventeur / inventrice | U2
Erfindung, die (-en) invention | U2
Erfolg, der (-e) succès | U1
Erfolg haben réussir | U1
erfolgreich (sein) couronné/e de succès (réussir) | U6
erholsam reposant/e | U5
Erholung, die (Sg.) repos, détente | U5
erklären expliquer | U6
erleben (ein Abenteuer) vivre | U4
ermitteln (in +D) enquêter | U1
Ermittlerteam, das (-s) équipe d'enquêteurs | U1
ernähren, sich se nourrir (**sich pflanzlich ernähren** avoir un régime végétarien) | U5
eröffnen inaugurer | U3
Ersatzfamilie, die (-n) famille de substitution | U5
erscheinen (ei-ie-ie) paraître | U6
erstellen créer | U4
erzählen (von +D) parler de | U6
erzeugen produire | U1
Essgewohnheit, die (-en) habitude alimentaire | U5
Event, das (-s) événement | U1
experimentieren faire des expériences | U3
extremistisch extrémiste | U3

F

Fahrrad, das (¨-er) vélo | U5
Fahrradtour, die (-en) randonnée à vélo | U5
Fall, der (¨-e) cas | U1
familiär familier / familière | U3
Fantasie, die (Sg.) imagination | U4
Fantasiewelt, die (-en) monde fantastique | U4
Fantasiewesen, das (-) créature fantastique | U4
Farbe, die (-n) couleur | U3
faszinierend fascinant/e | U2
fasziniert fasciné/e | U2
Fee, die (-n) fée | U4
Feinschmecker, der (-) / Feinschmeckerin, die (-nen) gourmet | U5
fern|sehen (ie-a-e) regarder la télévision | U1
Festival, das (-s) festival | U1
Festspiele, die (Pl.) festival | U1
Figur, die (-en) figure, personnage | U3
Firma, die (Firmen) entreprise, société | U2
Fisch, der (-e) poisson | U1
Fleisch, das (Sg.) viande | U1
Fleischesser, der (-) / Fleischesserin, die (-nen) carnassier / carnassière | U5
Flexitarier, der (-) / Flexitarierin, die (-nen) flexitarien/ne, semi-végétarien/ne | U5
Fluch, der (¨-e) malédiction | U4
Fluss, der (¨-e) fleuve | U4
Folge, die (-n) épisode | U1
forschen faire des recherches | U3
fort|bewegen, sich se déplacer | U5
Freude, die (Sg.) joie | U6
freuen, sich se réjouir | U6
friedliche Revolution, die Révolution pacifique | U3
fröhlich joyeux / joyeuse | U2
fruchtbar fécond/e | U3
fühlen, sich (als) se sentir, se considérer (comme) | U1
Fußballverein, der (-e) club de football | U1

G

Garten, der (¨) jardin | U1
Gastronomie, die (Sg.) gastronomie | U5
Gaststätte, die (-n) restaurant | U5
Gebirge, das (-) montagnes | U2
Gedicht, das (-e) poème | U6
Gefahr, die (-en) danger | U4
Gefühl, das (-e) sensation, sentiment | U2
Gegensatz, der (¨-e) différence | U6
gegenseitig mutuellement | U1
gegenseitig helfen, sich s'entraider | U1
Gegenwart, die (Sg.) présent | U3
Gegner, der (-) / Gegnerin, die (-nen) opposant/e | U6
gehen (um +A) s'agir de | U6
gehen (auf ein Fest) (e-i-a) aller à | U1
gehören (zu +D) faire partie de, appartenir à | U1
Geiß, die (-en) chèvre | U4
geistig intellectuel/le | U3
Geld verdienen gagner de l'argent | U2
Gemälde, das (-) tableau, peinture | U2
gemeinsam ensemble | U5
Gemeinschaft, die (-en) communauté | U1
Gemüse, das (Sg.) légume(s) | U1
gemütlich confortable, agréable (**es sich gemütlich machen** se mettre à son aise) | U5
Gemütlichkeit, die (Sg.) atmosphère sympathique | U1
Generation, die (-en) génération | U3
generationsübergreifend intergénérationnel/le | U1
Genie, das (-s) génie | U3
genießen (ie-o-o) profiter de | U5
gerade droit/e | U3
Gericht, das (-e) plat | U5
Gesangsverein, der (-e) club de chant | U1
Geschäft, das (-e) magasin | U6
Geschenk, das (-e) cadeau | U6
Geschichte, die (Sg.) histoire | U6
Geschichte, die (-n) histoire | U4
Geschwister, die (Pl.) frères et sœurs | U6
Geselligkeit, die (Sg.) convivialité | U1
Gesellschaft, die (-en) société | U1
Gesellschaftsspiel, das (-e) jeu de société | U1
Gesicht, das (-er) visage | U5
Gespräch, das (-e) conversation | U6
ein Gespräch führen dialoguer | U6
gewinnen (i-a-o) gagner | U1
glamourös glamoureux / glamoureuse | U3
glücklich heureux / heureuse | U4
Goldschatz, der (¨-e) trésor | U4
Gourmet, der / die (-s) gourmet | U5
Grenze, die (-n) frontière | U2
grenzen (an +A) confiner à | U2
grenzenlos illimité/e | U6
Grill, der (-s) barbecue | U1
grillen faire un barbecue | U1
Grillen, das (Sg.) barbecue | U1
Grillparty, die (-s) barbecue | U1
Grillplatz, der (¨-e) emplacement pour barbecue | U1
groß grand/e | U4
Großmutter, die (¨-) / Großvater, der (¨-) grand-mère / grand-père | U4

H

hacken (Holz) fendre | U4
Hamburger Hafenfest, das fête du port de Hambourg | U1
Hand, die (¨-e) main (**etwas nicht aus der Hand legen können** ne pas pouvoir poser qqch.) | U4
handeln (von +D) traiter de | U6
Handlung, die (-en) action | U4
Hannoveraner Schützenfest, das fête de la société de tir de Hanovre | U1
hässlich laid/e | U4
Hauptfigur, die (-en) personnage principal | U4
Hauptrolle, die (-n) premier rôle | U6
Hauptstadt, die (¨-e) capitale | U2
Heiligabend, der réveillon de Noël | U6
Heim, das (-e) domicile | U5
Heimat, die (-en) pays natal | U5
Heimatstadt, die (¨-e) ville natale | U5
heimlich en cachette | U4
Held, der (-en) / Heldin, die (-nen) héros / héroïne | U4
helfen (+D) (i-a-o) aider (qn) | U1
hell clair/e | U4
her|stellen fabriquer | U2
Herzog, der (¨-e) / Herzogin, die (-nen) duc / duchesse | U3
Herzogtum, das (¨-er) duché | U3
Hexe, die (-n) sorcière | U4
hoch haut/e | U6

Hochschule, die (-n) établissement d'enseignement supérieur, université | U3
Hofbibliothek, die (-en) bibliothèque de la Cour | U3
Holz, das (Sg.) bois | U4
Holzhacker, der (-) / Holzhackerin, die (-nen) bûcheron/ne | U4
Hyperinflation, die hyperinflation | U3

I

Idee, die (-n) idée | U4
Identität, die (-en) identité | U1
Illustration, die (-en) illustration | U4
illustrieren illustrer | U4
Imbiss, der (-e) collation, casse-croûte | U5
Imbissbude, die (-n) buvette, snack-bar | U5
Inhalt, der (-e) contenu | U6
innerhalb (+G) à l'intérieur de | U2
Innovation, die (-en) innovation | U2
innovativ innovateur / innovatrice, innovant/e | U2
inspirieren, sich s'inspirer | U3
interdisziplinär interdisciplinaire | U3
interessant intéressant/e | U2

J

jagen chasser | U4
jede(-r) auf seiner Art chacun/e à sa manière | U5
jeder tout le monde | U6
Journalist, der (-en) / Journalistin, die (-nen) journaliste | U6
Jugendfeuerwehr, die (Sg.) jeunes sapeurs-pompiers | U1
jung jeune | U4

K

Kabarettist, der (-en) / Kabarettistin, die (-nen) chansonnier / chansonnière | U2
Kaffee und Kuchen, der (Sg.) café et gâteaux *(tasse de café prise l'après-midi, avec des pâtisseries)* | U5
Kanton, der (-e) canton | U2
Karnevalsverein, der (-e) association destinée à perpétuer la tradition du carnaval | U1
Kartenspiel, das (-e) partie de cartes | U1
kennen|lernen faire la connaissance de | U1
Kind, das (-er) enfant | U4
Kinderbuch, das (¨-er) livre pour enfants | U6
Kirche, die (-n) église | U6
Klappentext, der (-e) texte de présentation | U6
Klassiker, der (-) classique | U6
klein petit/e | U4
Klischee, das (-s) cliché, lieu commun | U2
Kneipe, die (-n) bistrot | U1
Kobold, der (-e) lutin | U4
kochen faire la cuisine | U5
Kommissar, der (-e) / Kommissarin, die (-nen) commissaire | U1
Komposition, die (-en) composition | U2
König, der (-e) / Königin, die (-nen) roi / reine | U4
Konstruktion, die (-en) construction | U2
Kopf, der (¨-e) tête (**etwas im Kopf haben** avoir qqch. en tête) | U4
kostbar précieux / précieuse | U3
Kosten, die (Pl.) frais | U5
krass flagrant/e | U6
Kräuterbonbon, das (-s) bonbon aux plantes | U2
kreativ créatif / créative | U3
Kreativität, die créativité | U3
Krimi, der (-s) polar | U1
Kriminalität, die (Sg.) criminalité | U3
Krimiserie, die (-n) série policière | U1
kritisieren critiquer | U6
Küche, die (-n) cuisine | U5
Kult, der (-e) culte | U1
Kultur, die culture | U3
kulturell culturel/le | U3
Kulturgut, das (¨-er) élément du patrimoine | U1
Kunst, die (¨-e) art | U2
Kunstepoche, die (-n) période artistique | U2
Künstler, der (-) / Künstlerin, die (-nen) artiste | U2
Künstlerleben, das (Sg.) vie d'artiste | U3
Kunstrichtung, die (-en) mouvement artistique | U2
Kunstwerk, das (-e) œuvre d'art | U2

L

Landessprache, die (-n) langue nationale | U2
Landschaft, die (-en) paysage | U2
langweilen, sich s'ennuyer | U6
langweilig ennuyeux / ennuyeuse | U2
Lauf, der cours (**der Fantasie freien Lauf lassen** laisser libre cours à son imagination) | U4
laut fort/e, bruyant/e | U6
Leben, das (-) vie | U3
lebendig vivant/e | U3
Lebenserwartung, die (-en) espérance de vie | U2
Lebensstil, der (-e) mode de vie | U5
Legende, die (-n) légende | U4
Lehrer, der (-) / Lehrerin, die (-nen) enseignant/e | U6
Lehrerzimmer, das (-) salle des professeurs | U6
Leiche, die (-n) cadavre | U1
Leidenschaft, die (-en) passion | U4
leise bas/se | U6
lesen (ie-a-e) lire | U4
Leseratte, die (-n) rat de bibliothèque | U4
Lesestoff, der (-e) lecture | U4
lieb gentil/le | U4
Liebe, die (Sg.) amour | U4
Lieblingsbuch, das (¨-er) livre préféré | U4
liegen (in +D) (ie-a-e) se situer (dans / en / à) | U2
Lifestyle, der (Sg.) mode de vie | U3
Linie, die (-n) ligne | U3
literarisch littéraire | U3
Literatur, die (Sg.) littérature | U3
Literaturzeitschrift, die (-en) revue littéraire | U3

M

Maler (-), der / Malerin (-nen), die peintre | U6
Macht, die (Sg.) pouvoir | U4
magisch magique | U4
Malbuch, das (¨-er) album de coloriage | U6
Malerei, die (-en) peinture | U4
Märchen, das (-) conte | U4
Marke, die (-n) marque | U2
mausern, sich se métamorphoser | U6
mehrsprachig polyglotte | U2
Mehrsprachigkeit, die (Sg.) plurilinguisme | U2
Mensch, der (-en) homme (être humain) | U2
Mentalität, die (-en) mentalité | U2
Miete, die (-n) loyer (**zur Miete wohnen** être locataire) | U5
mieten louer | U5
Mitbewohner, der (-) / Mitbewohnerin, die (-nen) colocataire | U5
miteinander ensemble | U1
Mitmensch, der (-en) semblable | U6
Mittelpunkt, der (-e) point central | U3
Möbel, die (Pl.) meubles | U5
modern moderne | U3
Moderne, die (Sg.) temps modernes | U3
Modernität, die (Sg.) modernité | U3
modular modulaire | U3
Möglichkeit, der (-en) possibilité | U5
Multikulturalität, die (-en) multiculturalité | U2
multikulturell multiculturel/le | U2
Münchner Oktoberfest, das fête de la bière à Munich | U1
Museum, das (Museen) musée | U6
Musiker, der (-) / Musikerin, die (-nen) musicien/ne | U3
Muss, das (Sg.) obligation (**ein Muss sein** être obligatoire) | U4
mutig courageux / courageuse | U4
Muttersprache, die (-n) langue maternelle | U2

N

Nachbarland, das (¨-er) pays voisin | U2
Nacht, die (¨-e) nuit | U4
Nachteil, der (-e) inconvénient (**von Nachteil sein** présenter un inconvénient) | U2
Nationalsozialismus, der (Sg.) national-socialisme | U3
Nationalversammlung, die Assemblée nationale | U3
Natur, die (Sg.) nature | U5
natürlich naturel/le | U2
Nazi-Zeit, die période nazie | U3
neugierig machen exciter la curiosité | U4

Nixe, die (-n) ondine | U4
Norden, der (Sg.) nord | U2
Not, die (¨-e) besoin, misère | U3
nützlich utile | U1

O

öffentlich public / publique | U5
öffentliche Verkehrsmittel, die (Pl.) transports en commun | U5
Opfer, das (-) victime | U1
Opposition, die (-en) opposition | U3
ordentlich ordonné/e, rangé/e | U2
ordnen mettre de l'ordre dans | U2
Ordnung, die (-en) ordre (**in Ordnung bringen (i-a-a)** mettre de l'ordre) | U1
originell original/e | U4
Osten, der (Sg.) est | U2

P

paradiesisch paradisiaque | U5
Partei, die (-en) parti | U3
Patent, das (-e) brevet | U2
Pazifist, der (-en) / Pazifistin, die (-nen) pacifiste | U6
Person, die (-en) personne | U2
Personenkraftwagen, der (-) voiture (de tourisme) | U5
Perspektive, die (-n) perspective | U3
pflanzlich végétarien/ne | U5
Phänomen, das (-e) phénomène | U1
Philosoph (-en), der / Philosophin, die (-nen) philosophe | U3
Pkw, der (-s) → Personenkraftwagen | U5
planen planifier, prévoir | U3
Planung, die (-en) planification | U3
Platz, der (¨-e) place | U3
Platz haben avoir de l'espace | U5
prägen donner son empreinte à, caractériser, marquer | U3
praktisch pratique | U2
primär primaire | U3
Produkt, das (-e) produit | U2
produktiv productif / productive | U3
produzieren produire | U2
Projekt, das (-e) projet | U5
prunkvoll fastueux / fastueuse | U3
Pseudonym, das (-e) pseudonyme | U6
publizieren publier | U3
putzen nettoyer | U5

Q

quadratisch carré/e | U3
Quartier, das (-e) quartier | U3

R

rätseln chercher (essayer de deviner pourquoi / comment…) | U1
Raum, der (¨-e) pièce, espace | U2
reformieren réformer | U3
regieren gouverner | U3
regional régional/e | U1
reich riche | U4
Reichskanzler, der (-) chancelier du Reich | U3
Reichspräsident, der (-en) / Reichspräsidentin, die (-nen) président/e de la république de Weimar | U3
rekonstruieren reconstruire | U6
Reparation, die (-en) réparations | U3
Ressource, die (-n) ressources (**natürliche Ressourcen** ressources naturelles) | U2
Restaurant, das (-s) restaurant | U5
revolutionär révolutionnaire | U2
revolutionieren révolutionner | U2
Rheintochter, die (¨-) fille du Rhin | U4
Riese, der (-n) géant | U4
Ring, der (-e) anneau | U4
Rolle, die (-n) rôle (**eine wichtige Rolle spielen** jouer un rôle important) | U1
Rollschuh, der (-e) patin à roulettes | U6
Roman, der (-e) roman | U3
Romanfigur, die (-en) personnage de roman | U4
romantisch romantique | U4
Rotkäppchen, das Petit Chaperon rouge | U4
Ruhe, die (Sg.) silence, calme (**seine Ruhe haben** avoir la paix, être tranquille) | U5
Ruhm, der (Sg.) gloire | U6
Ruine, die (-n) ruines | U6
rund rond/e | U3
Rutsch, in einem d'une (seule) traite | U4

S

Sage, die (-n) légende | U4
Schlange, die (-n) (im Supermarkt) queue | U3
Schlange stehen faire la queue | U3
schlimm vilain/e | U6
Schloss, das (¨-er) château | U6
schön beau / belle | U4
Schönheit, die (Sg.) beauté | U6
schreiben (ei-ie-ie) écrire | U4
Schrift, die (-en) écrit | U3
Schriftsteller, der (-) / Schriftstellerin, die (-nen) écrivain | U3
Schüler, der (-) / Schülerin, die (-nen) élève | U6
Schützenverein, der (-e) club de tir | U1
Schweizerdeutsch, das (Sg.) suisse-allemand | U2
See, der (-n) lac | U2
Seite, die (-n) côté | U6
Selbstzensur, die (Sg.) autocensure | U6
seltsam bizarre, étrange | U2
sensationell sensationnel/le | U2
Silhouette, die (-n) silhouette | U6
Skulptur, die (-en) sculpture | U2
Solidarität, die (Sg.) solidarité | U1
Sonntagabend, der (-e) dimanche soir | U1
sozialistisch socialiste | U3
spannend captivant/e | U4
Spaß, der (Sg.) distraction, plaisir (**Spaß haben** bien s'amuser) | U1 | U1
Spezialität, die (-en) spécialité | U5
Spiel, das (-e) jeu | U1
spielen jouer | U1
Sportverein, der (-e) club sportif, association sportive | U1
Sprache, die (-n) langue | U2
Staat, der (-en) État | U3
Stadt, die (¨-e) ville | U6
statt au lieu de | U5
Statussymbol, das (-e) symbole de réussite sociale | U5
Stau, der (-s) bouchon (**im Stau stehen** être pris dans les bouchons) | U5
stehen (für +A) (e-a-a) signifier, représenter | U1
steigend grandissant/e | U3
Sterne-Restaurant, das (-s) restaurant étoilé | U5
Stil, der (-e) style | U6
stören perturber | U6
Straßenbahn, die (-en) tramway | U5
Student, der (-en) / Studentin, die (-nen) étudiant/e | U3
Studentenschaft, die (-en) étudiants | U3
Studierende, der / die (-n) étudiant/e | U3
suchen chercher | U3
Süden, der (Sg.) sud | U2
Surrealismus, der (Sg.) surréalisme | U2
Süßigkeit, die (-en) sucrerie | U2

T

tagen siéger | U3
Tal, das (¨-er) vallée | U4
Tanzlokal, das (-e) dancing | U3
Taschenlampe, die (-n) lampe de poche | U4
Taschenmesser, das (-) couteau de poche, canif | U2
Täter, der (-) / Täterin, die (-nen) coupable | U1
tätig sein (als) exercer | U1
Tatort, der (-e) lieu du crime | U1
Technik, die (Sg.) technique | U3
Teil, der / das (-e) partie | U1
teilen, sich se partager | U5
teuer cher / chère | U2
Theaterstück, das (-e) pièce de théâtre | U3
Tierprodukt, das (-e) produit d'origine animale | U5
toll super | U4
touristisch touristique | U6
Tracht, die (-en) costume | U1
Tradition, die (-en) tradition | U1
traditionell traditionnel/le | U2
tragen (ä-u-a) porter | U1
trauen, sich oser | U4
Traum, der (¨-e) rêve | U4
traurig triste | U4
treffen (i-a-o) rencontrer | U1
treffen, sich (zu +D) (i-a-o) se retrouver | U1
Trümmer, die (Pl.) ruines, débris | U6
Turm, der (¨-e) clocher | U6

Turnverein, der (-e) club de gymnastique | U1
typisch typique | U2

U

U-Bahn, die (-en) métro | U5
überraschend surprenant/e | U4
übersetzen traduire | U6
Umwelt, die (Sg.) environnement | U5
unaufmerksam inattentif / inattentive | U6
unheimlich lugubre | U4
Uni-Campus, der (-) campus universitaire | U3
unordentlich désordonné/e | U2
Unordnung, die (-en) désordre | U2
unterhaltsam divertissant/e | U4
unternehmen (i-a-o) entreprendre, effectuer | U5
Unterricht, der cours | U6
unterschiedlich différent/e | U5
unterwegs en route | U5
unvergleichlich incomparable | U6
Unzufriedenheit, die (Sg.) mécontentement | U3
urban urbain/e | U3
Utopie, die (-n) utopie | U3

V

vegan végan | U5
Veganer, der (-) / Veganerin, die (-nen) végétalien/ne | U5
Vegetarier, der (-) / Vegetarierin, die (-nen) végétarien/ne | U5
vegetarisch végétarien/ne | U5
vehement véhément/e | U3
verabreden, sich (zu +D) prendre rendez-vous | U5
verabschieden (eine Verfassung) voter | U3
verändern changer, transformer | U4
veranstalten organiser | U1
verbinden relier | U1
verbringen (Zeit) (i-a-a) passer (du temps) | U5
Verdächtige/-r, der / die suspect/e | U1
Verein, der (-e) association, club | U1
vereinen regrouper | U1
Vereinsleben, das (Sg.) vie associative | U1
verfassen écrire | U6
Verfassung, die (-en) constitution | U3
Verfilmung, die (-en) adaptation cinématographique | U6
Vergangenheit, die passé | U3
Vergangenheitsbewältigung, die prise de conscience du passé | U6
vergessen (i-a-e) oublier | U1
verhungern mourir de faim | U4
verirren, sich s'égarer | U4
Verkehrsmittel, das (-) moyen de transport | U5
Verleger, der (-) / Verlegerin, die (-nen) éditeur / éditrice | U6
verlieren (ie-o-o) perdre | U1
veröffentlichen publier | U3
versammeln (sich) rassembler (se) | U3
verschlafen oublier, peu animé/e | U6
verschönern embellir | U5
verschwinden (i-a-u) disparaître | U6
Versuchslabor, das (-e) laboratoire d'essais | U3
verursachen provoquer | U3
Video, das (-s) vidéo | U4
Videospiel, das (-e) jeu vidéo | U1
Vielfalt, die (Sg.) diversité | U2
vielfältig varié/e | U2
Visionär, der (-e) / Visionärin, die (-nen) visionnaire | U3
Volksfest, das (-e) fête populaire | U1
Volkssport, der (-e) sport populaire | U1
vor|lesen (ie-a-e) lire à haute voix | U4
vor|stellen, sich etwas s'imaginer qc | U4
Vorteil, der (-e) avantage (von Vorteil sein présenter un avantage) | U2

W

Wagen, der (-) voiture | U5
Wald, der (¨-er) forêt | U4
Wandel, der (Sg.) changement, transformation | U3
wandern faire de la randonnée | U5
Wanderung, die (-en) randonnée | U5
Warenmangel, der manque de marchandise | U3
weder ... noch ... ni... ni... | U5
Weg, der (-e) chemin, voie | U3
weg|wischen effacer, balayer | U6
Weihnachtsbaum, der (¨-e) arbre de Noël | U6
Weimarer Republik, die république de Weimar | U3
Welt, die (-en) monde (in der ganzen Welt dans le monde entier) | U2
weltberühmt célèbre dans le monde entier | U2
weltoffen cosmopolite | U6
Weltruhm, der renommée mondiale | U6
Wende-Zeit, die période du Tournant | U3
Wendung, die (-en) retournement | U4
Werk, das (-e) œuvre | U2
Westen, der (Sg.) ouest | U2
WG, die (-s) → Wohngemeinschaft | U5
Wiederaufbau, der reconstruction | U6
wild agité/e | U3
witzig amusant/e | U4
wohl bien | U5
wohl fühlen, sich se sentir bien | U5
wohnen habiter | U5
Wohngemeinschaft, die (-en) communauté, colocation | U5
Wohnprojekt, das (-e) projet d'habitation | U5
Wohnung, die (-en) appartement, logement | U5
Wolf, der (¨-e) loup | U4
wunderschön superbe | U6
Wüste, die (-n) désert | U6

Z

zahlen payer | U3
Zeichnung, die (-en) dessin | U4
Zeit, die (Sg.) temps | U4
Zeitung, die (-en) journal | U6
zertreten (i-a-e) écraser | U4
Zeugnis, das (-se) témoignage (ein Zeugnis von etwas sein attester de qqch.) | U3
Ziel, das (-e) destination (ans Ziel kommen arriver à) | U5
zu Fuß gehen (e-i-a) aller à pied | U5
Zuflucht, die (Sg.) refuge | U3
zufrieden satisfait/e | U4
Zug, der (¨-e) train | U5
Zuhause, das (Sg.) maison, chez-soi | U5
Zukunft, die (Sg.) avenir, futur | U3
zusammen ensemble | U1
Zusammenfassung, die (-en) résumé | U6
Zwangsarbeit, die (Sg.) travail obligatoire | U3
zweisprachig bilingue | U2

Lexique français - allemand

A

à l'intérieur de innerhalb (+G) | U2
acte Akt, der (-e) | U6
action Aktion, die (-en) / Handlung, die (-en) | U2
actualité Aktualität, die (Sg.) (**d'une actualité brûlante** brandaktuell) | U6
adaptation cinématographique Verfilmung, die (-en) | U6
admirer bewundern | U3
agir de (s') gehen (um +A) | U6
agité/e wild | U3
agréable gemütlich | U5
aider helfen (+D) (i-a-o) | U1
album de coloriage Malbuch, das (¨-er) | U6
aller à besuchen (eine Schule / Uni) / gehen (auf ein Fest) (e-i-a) | U3
aller à pied zu Fuß gehen (e-i-a) | U5
Alpes Alpen, die (Pl.) | U2
alternatif / alternative alternativ | U5
ambiance Ambiente, das (Sg.) | U3
améliorer (s') bessern, sich | U6
aménagement (intérieur) Einrichtung, die (-en) | U5
aménager ein|richten | U5
amour Liebe, die (Sg.) | U4
amusant/e witzig | U4
anguleux / anguleuse eckig | U3
anneau Ring, der (-e) | U4
appartement Wohnung, die (-en) | U5
appartenir à gehören zu (+D) | U1
apprécié/e beliebt | U1
arbre de Noël Weihnachtsbaum, der (¨-e) / Christbaum, der (¨-e) | U6
architecte Architekt, der (-en) / Architektin, die (-nen) | U3
architecture Architektur, die (Sg.) | U3
art Kunst, die (¨-e) | U2
artiste Künstler, der (-) / Künstlerin, die (-nen) | U2
artiste de performance Aktionskünstler, der (-) / Aktionskünstlerin, die (-nen) | U2
aspect Aspekt, der (-e) | U2
Assemblée nationale Nationalversammlung, die | U3
assister à besuchen | U1
association Verein, der (-e) | U1
association sportive Sportverein, der (-e) | U1
atmosphère sympathique Gemütlichkeit, die (Sg.) | U1
attentif / attentive aufmerksam | U6
au lieu de statt | U5
auteur Autor, der (-en) / Autorin, die (-nen) | U4
autobiographie Autobiografie, die (-n) | U6
autocensure Selbstzensur, die (Sg.) | U6
autodafé (de livres) Bücherverbrennung, die (-en) | U6
avant-garde Avantgarde, die (-n) | U3
avantage Vorteil, der (-e) | U2
avec agacement ärgerlich | U6
avenir Zukunft, die (Sg.) | U3
aventure Abenteuer, das (-) | U4

B

balayer weg|wischen | U6
balcon Balkon, der (-s/-e) | U1
ballade Ballade, die (-n) | U3
banqueroute Bankrott, der (-e) | U3
barbecue Grill, der (-s) / Grillen, das (Sg.) / Grillparty, die (-s) | U1
bas/se leise | U6
bâtiment baroque Barockgebäude, das (-) | U3
bâtir bauen | U3
beau / belle schön | U4
beauté Schönheit, die (Sg.) | U6
bénévolement ehrenamtlich | U1
besoin Not, die (¨-e) | U3
best-seller Bestseller, der (-) | U4
bibliothèque Bücherei, die (-en) | U4
bibliothèque de la Cour Hofbibliothek, die (-en) | U3
bien wohl | U5
bilingue zweisprachig | U2
bistrot Kneipe, die (-n) | U1
bizarre seltsam | U2
bois Holz, das (Sg.) | U4
bon marché billig | U2
bonbon aux plantes Kräuterbonbon, das (-s) | U2
bouchon Stau, der (-s) | U5
branche Branche, die (-n) | U2
brevet Patent, das (-e) | U2
bruyant/e laut | U6
bûcheron/ne Holzhacker, der (-) / Holzhackerin, die (-nen) | U4
bus Bus, der (-se) | U5
buvette Imbissbude, die (-n) | U5

C

cadavre Leiche, die (-n) | U1
cadeau Geschenk, das (-e) | U6
café Café, das (-s) | U5
calme Ruhe, die (Sg.) | U5
campus universitaire Uni-Campus, der (-) | U3
canif Taschenmesser, das (-) | U2
canton Kanton, der (-e) | U2
capitale Hauptstadt, die (¨-e) | U2
captivant/e spannend | U4
caractère Charakter, der (-e) | U5
caractériser prägen (etwas / jemanden) | U3
carnassier / carnassière Fleischesser, der (-) / Fleischesserin, die (-nen) | U5
carré/e quadratisch | U3
cas Fall, der (¨-e) | U1
casse-croûte Imbiss, der (-e) | U5
chez-soi Zuhause, das (Sg.) | U5
célèbre bekannt, berühmt | U2
célèbre dans le monde entier weltberühmt | U2
chacun/e à sa manière jede(-r) auf seiner Art | U5
chancelier / chancelière du Reich Reichskanzler, der (-) | U3
changement Wandel, der (Sg.) | U3
changer verändern | U4
chansonnier / chansonnière Kabarettist, der (-en) / Kabarettistin, die (-nen) | U2
chasser jagen | U4
château Schloss, das (¨-er) | U6
chemin Weg, der (-e) | U3
cher / chère teuer | U2
chercher suchen, rätseln | U3
chèvre Geiß, die (-en) | U4
chômage Arbeitslosigkeit, die | U3
clair/e hell | U4
classique Klassiker, der (-) | U6
cliché Klischee, das (-s) | U2
clocher Turm, der (¨-e) | U6
club Verein, der (-e) | U1
club de chant Gesangsverein, der (-e) | U1
club de football Fußballverein, der (-e) | U1
club de gymnastique Turnverein, der (-e) | U1
club de tir Schützenverein, der (-e) | U1
club sportif Sportverein, der (-e) | U1
collage Collage, die (-n) | U4
collation Imbiss, der (-e) | U5
colocataire Mitbewohner, der (-) / Mitbewohnerin, die (-nen) | U5
colocation Wohngemeinschaft, die (-en) | U5
commissaire Kommissar, der (-e) / Kommissarin, die (-nen) | U1
communauté Gemeinschaft, die (-en) | U1
communauté Wohngemeinschaft, die (-en) | U5
composer de (se) bestehen (aus +D) (e-a-a) | U2
composition Komposition, die (-en) | U2
confiner à grenzen (an +A) | U2
confortable gemütlich | U5
considérer (se) (comme) fühlen, sich (als) | U1
constitution Verfassung, die (-en) | U3
construction Konstruktion, die (-en) | U2
construire bauen | U3
conte Märchen, das (-) | U4
contenu Inhalt, der (-e) | U6
contribuer bei|tragen (ä-u-a) | U6
conversation Gespräch, das (-e) | U6
convivialité Geselligkeit, die (Sg.) | U1
correspondance Briefwechsel, der (-) | U3
cosmopolite weltoffen | U6
costume Tracht, die (-en) | U1
côté Seite, die (-n) | U6
couleur Farbe, die (-n) | U3
coupable Täter, der (-) / Täterin, die (-nen) | U1
courageux / courageuse mutig | U4
couronné/e de succès (réussir) erfolgreich (sein) | U6

cours Lauf, der (der Fantasie freien Lauf lassen) | U4
cours Unterricht, der | U6
couteau de poche Taschenmesser, das (-) | U2
couverture (de livre) Cover, das (-) / Buchcover, das (-) | U4
crayon de couleur Buntstift, der (-e) | U6
créatif / créative kreativ | U3
créativité Kreativität, die (Sg.) | U3
créature fantastique Fantasiewesen, das (-) | U4
créer erstellen | U4
criminalité Kriminalität, die (Sg.) | U3
critiquer kritisieren | U6
cuisine Küche, die (-n) | U5
culte Kult, der (-e) | U1
culture Kultur, die (-en) | U3
culturel/le kulturell | U3

D

dadaïsme Dadaismus, der (Sg.) | U2
dancing Tanzlokal, das (-e) | U3
danger Gefahr, die (-en) | U4
déco → décoration Deko → Dekoration, die (Sg.) | U5
découvrir entdecken | U5
démocratique demokratisch | U3
départ Aufbruch, der (Sg.) | U3
déplacer (se) fort|bewegen, sich | U5
déposer an|melden | U2
déprimant/e bedrückend | U2
désert Wüste, die (-n) | U6
design Design, das (-s) | U3
désordonné/e unordentlich | U2
désordre Unordnung, die (-en) | U2
dessin Zeichnung, die (-en) | U4
destination (arriver à) Ziel, das (-e) (ans Ziel kommen) | U5
détendu/e entspannt | U3
détente Erholung, die (Sg.) | U5
développer entwickeln | U2
dialecte Dialekt, der (-e) | U2
dialoguer ein Gespräch führen | U6
dictature socialiste sozialistische Diktatur, die | U3
différence Gegensatz, der (¨-e) | U6
différent/e unterschiedlich | U5
dimanche soir Sonntagabend, der (-e) | U1
dîner Abendessen, das (-) | U5
disparaître verschwinden (i-a-u) | U6
distraction Spaß, der (Sg.) (**bien s'amuser** Spaß haben) | U1
diversité Diversität, die (Sg.) / Vielfalt, die (Sg.) | U2
divertissant/e unterhaltsam | U4
domaine Bereich, der (-e) | U2
domicile Heim, das (-e) | U5
donner son empreinte à prägen (etwas / jemanden) | U3
dragon Drache, der (-n) | U4
drame Drama, das (Dramen) | U6
droit/e gerade | U3
duc / duchesse Herzog, der (¨-e) / Herzogin, die (-nen) | U3
duché Herzogtum, das (¨-er) | U3
dynamique dynamisch | U6

E

échanger (ses impressions) aus|tauschen, sich | U3
éclairer auf|klären | U6
écraser zertreten (i-a-e) | U4
écrire schreiben (ei-ie-ie), verfassen | U4
écrit Schrift, die (-en) | U3
écrivain Schriftsteller, der (-) / Schriftstellerin, die (-nen) | U3
éditeur / éditrice Verleger, der (-) / Verlegerin, die (-nen) | U6
effacer weg|wischen | U6
effectuer unternehmen (i-a-o) | U5
égarer (s') verirren, sich | U4
église Kirche, die (-n) | U6
élément du patrimoine Kulturgut, das (¨-er) | U1
élève Schüler, der (-) / Schülerin, die (-nen) | U6
embellir verschönern | U5
emplacement pour barbecue Grillplatz, der (¨-e) | U1
en cachette heimlich | U4
en couleurs bunt | U3
en dehors de außerhalb (+G) | U2
en route unterwegs | U5
enfant (unique) Kind, das (-er) / Einzelkind, das (-er) | U4
engager (s') engagieren, sich | U1
ennuyer (s') langweilen, sich | U6
ennuyeux / ennuyeuse langweilig | U2
enquêter ermitteln (in +D) | U1
enseignant/e Lehrer, der (-) / Lehrerin, die (-nen) | U6
ensemble gemeinsam, miteinander, zusammen | U1
entraider (s') gegenseitig helfen, sich | U1
entreprendre unternehmen (i-a-o) | U5
entreprise, société Firma, die (Firmen) | U2
environnement Umwelt, die (Sg.) | U5
épisode Folge, die (-n) | U1
époque Epoche, die (-n) | U2
équipe d'enquêteurs Ermittlerteam, das (-s) | U1
espace Raum, der (¨-e) (**avoir de l'espace** Platz haben) | U2 | U5
espérance de vie Lebenserwartung, die (-en) | U2
est Osten, der (Sg.) | U2
établissement d'enseignement supérieur Hochschule, die (-n) | U3
État Staat, der (-en) | U3
étrange seltsam | U2
étranger / étrangère Ausländer, der (-) / Ausländerin, die (-nen) | U2
être au bord de la faillite vor dem Bankrott stehen | U3
être locataire zur Miete wohnen | U5
être obligatoire ein Muss sein | U4
être pris dans les bouchons im Stau stehen | U5
étudiant/e Student, der (-en) / Studentin, die (-nen) / Studierende, der / die (-n) | U3
étudiants Studentenschaft, die (-en) | U3
événement Event, das (-s) | U1
exciter la curiosité neugierig machen | U4
exercer tätig sein | U1
expliquer erklären | U6
extrémiste extremistisch | U3

F

fabriquer her|stellen | U2
façon Art, die (-en) | U5
faillite Bankrott, der (-e) | U3
faire de la randonnée wandern | U5
faire des expériences experimentieren | U3
faire des recherches forschen | U3
faire la connaissance de kennen|lernen | U1
faire la cuisine kochen | U5
faire la queue Schlange stehen | U3
faire partie de gehören zu (+D) | U1
faire un barbecue grillen | U1
familier / familière familiär | U3
famille de substitution Ersatzfamilie, die (-n) | U5
fascinant/e faszinierend | U2
fasciné/e fasziniert | U2
fastueux / fastueuse prunkvoll | U3
fécond/e fruchtbar | U3
fée Fee, die (-n) | U4
fendre hacken (Holz) | U4
festival Festival, das (-s) / Festspiele, die (Pl.) | U1
fête de la bière à Munich Münchner Oktoberfest, das | U1
fête de la société de tir de Hanovre Hannoveraner Schützenfest, das | U1
fête du port de Hambourg Hamburger Hafenfest, das | U1
fête populaire Volksfest, das (-e) | U1
figure Figur, die (-en) | U3
fille du Rhin Rheintochter, die (¨-) | U4
flagrant/e krass | U6
fleuve Fluss, der (¨-e) | U4
flexitarien/ne Flexitarier, der (-) / Flexitarierin, die (-nen) | U5
forêt Wald, der (¨-er) | U4
fort/e laut | U6
frais Kosten, die (Pl.) | U5
frères et sœurs Geschwister, die (Pl.) | U6
frontière Grenze, die (-n) | U2
futur Zukunft, die (Sg.) | U3

G

gagner gewinnen (i-a-o) | U1
gagner de l'argent Geld verdienen | U2
gastronomie Gastronomie, die (Sg.) | U5
géant Riese, der (-n) | U4
génération Generation, die (-en) | U3

génie Genie, das (-s) | U3
gentil/le lieb | U4
glamoureux / glamoureuse glamourös | U3
gloire Ruhm, der (Sg.) | U6
gourmet Feinschmecker, der (-) / Feinschmeckerin, die (-nen) / Gourmet, der / die (-s) | U5
gouverner regieren | U3
grand/e groß | U4
grandir auf|wachsen (in +D) (ä-u-a) | U2
grandissant/e steigend | U3
grand-mère / grand-père Großmutter, die (¨-) / Großvater, der (¨-) | U4
gredin Bösewicht, der (-e) | U4

H

habitant/e Bewohner, der (-) / Bewohnerin, die (-nen) / Einwohner, der (-) / Einwohnerin, die (-nen) | U2
habiter wohnen | U5
habitude alimentaire Essgewohnheit, die (-en) | U5
héros / héroïne Held, der (-en) / Heldin, die (-nen) | U4
heureux / heureuse glücklich | U4
histoire Geschichte, die (Sg.) / Geschichte, die (-n) | U4
homme (être humain) Mensch, der (-en) | U2
hyperinflation Hyperinflation, die | U3

I

idée Idee, die (-n) | U4
identité Identität, die (-en) | U1
illimité/e grenzenlos | U6
illustration Illustration, die (-en) | U4
illustrer illustrieren | U4
image Bild, das (-er) | U4
imagination Fantasie, die (Sg.) | U4
imaginer qc (s') vor|stellen, sich etwas | U4
impression Eindruck, der (¨-e) | U2
impressionnant/e beeindruckend | U2
impressionné/e beeindruckt | U2
inattentif / inattentive unaufmerksam | U6
inaugurer eröffnen | U3
incomparable unvergleichlich | U6
inconvénient Nachteil, der (-e) | U2
influence Einfluss, der (¨-e) | U3
influencer beeinflussen (jemanden / etwas) | U3
informer auf|klären | U6
innovateur / innovatrice, innovant/e innovativ | U2
innovation Innovation, die (-en) | U2
inspirer (s') inspirieren, sich | U3
intellectuel/le geistig | U3
interdisciplinaire interdisziplinär | U3
intéressant/e interessant | U2
intergénérationnel/le generationsübergreifend | U1
inventer erfinden (i-a-u) | U2
inventeur / inventrice Erfinder, der (-) / Erfinderin, die (-nen) | U2
invention Erfindung, die (-en) | U2
inviter ein|laden (zu +D) (ä-u-a) | U5

J

jaloux / jalouse eifersüchtig | U6
jardin Garten, der (¨) | U1
jeu Spiel, das (-e) | U1
jeu de société Gesellschaftsspiel, das (-e) | U1
jeu de table Brettspiel, das (-e) | U1
jeu sur ordinateur Computerspiel, das (-e) | U1
jeu vidéo Videospiel, das (-e) | U1
jeune jung | U4
jeunes sapeurs-pompiers Jugendfeuerwehr, die (Sg.) | U1
joie Freude, die (Sg.) | U6
jouer spielen | U1
jouer un rôle (important) eine (wichtige) Rolle spielen | U1
journal Zeitung, die (-en) | U6
journaliste Journalist, der (-en) / Journalistin, die (-nen) | U6
joyeux / joyeuse fröhlich | U2

L

laboratoire d'essais Versuchslabor, das (-e) | U3
lac See, der (-n) | U2
laid/e hässlich | U4
lampe de poche Taschenlampe, die (-n) | U4
langue Sprache, die (-n) | U2
langue maternelle Muttersprache, die (-n) | U2
langue nationale Landessprache, die (-n) | U2
langue officielle Amtssprache, die (-n) | U2
lecture Lesestoff, der (-e) | U4
légende Legende, die (-n) / Sage, die (-n) | U4
légume(s) Gemüse, das (Sg.) | U1
lettre Brief, der (-e) | U6
lieu commun Klischee, das (-s) | U2
lieu du crime Tatort, der (-e) | U1
ligne Linie, die (-n) | U3
lire lesen (ie-a-e), durch|lesen (ie-a-e) | U4
lire à haute voix vor|lesen (ie-a-e) | U4
littéraire literarisch | U3
littérature Literatur, die (Sg.) | U3
livre Buch, das (¨-er) | U4
livre pour enfants Kinderbuch, das (¨-er) | U6
livre préféré Lieblingsbuch, das (¨-er) | U4
logement Wohnung, die (-en) | U5
louer mieten | U5
loup Wolf, der (¨-e) | U4
loyer Miete, die (-n) | U5
lugubre unheimlich | U4
lutin Kobold, der (-e) | U4

M

magasin Geschäft, das (-e) | U6
magique magisch | U4
main Hand, die (¨-e) (**ne pas pouvoir poser qqch.** etwas nicht aus der Hand legen können) | U4
maison Zuhause, das (Sg.) | U5
maîtriser beherrschen | U2
malédiction Fluch, der (¨-e) | U4
manière Art, die (-en) | U5
manifester (pour / contre) demonstrieren (für / gegen +A) | U3
manque de marchandise Warenmangel, der | U3
marque Marke, die (-n) | U2
marquer prägen (etwas / jemanden) | U3
méchant/e böse | U4
mécontentement Unzufriedenheit, die (Sg.) | U3
mentalité Mentalität, die (-en) | U2
métamorphoser (se) mausern, sich | U6
métro U-Bahn, die (-en) | U5
mettre à son aise (se) es sich gemütlich machen | U5
mettre de l'ordre in Ordnung bringen (i-a-a) | U1
mettre de l'ordre dans ordnen | U2
meuble Möbel, die (Pl.) | U5
meubler (se) ein|richten, sich | U5
misère Not, die (¨-e) | U3
mode de vie Lebensstil, der (-e) / Lifestyle, der (Sg.) | U5
moderne modern | U3
modernité Modernität, die (Sg.) | U3
modulaire modular | U3
monde Welt, die (-en) (**dans le monde entier** in der ganzen Welt) | U2
monde fantastique Fantasiewelt, die (-en) | U4
montagne Berg, der (-e) | U2
montagnes Gebirge, das (-) | U2
monument Denkmal, das (-e / ¨-er) | U6
mourir de faim verhungern | U4
mouvement Bewegung, die (-en) | U5
mouvement artistique Kunstrichtung, die (-en) | U2
moyen de transport Verkehrsmittel, das (-) | U5
multicolore bunt | U3
multiculturalité Multikulturalität, die (-en) | U2
multiculturel/le multikulturell | U2
musée Museum, das (Museen) | U6
musicien/ne Musiker, der (-) / Musikerin, die (-nen) | U3
mutuellement einander, gegenseitig | U5

N

national-socialisme Nationalsozialismus, der (Sg.) | U3
nature Natur, die (Sg.) | U5
nettoyer putzen | U5
ni… ni… weder … noch … | U5
noble edel | U6
nombre d'habitants Einwohnerzahl, die (-en) | U2
nord Norden, der (Sg.) | U2
nourrir (se) ernähren, sich (**avoir un régime végétarien** sich pflanzlich ernähren) | U5
nuit Nacht, die (¨-e) | U4

O

œuvre (d'art) Werk, das (-e) / Kunstwerk, das (-e) | U2
offre Angebot, das (-e) | U3
ondine Nixe, die (-n) | U4
opposant/e Gegner, der (-) / Gegnerin, die (-nen) | U6
opposition Opposition, die (-en) | U3
oppressant/e bedrückend | U2
ordonné/e ordentlich | U2
ordre Ordnung, die (-en) | U2
organiser veranstalten | U1
original/e originell | U4
oser trauen, sich | U4
oublier vergessen (i-a-e) | U1
ouest Westen, der (Sg.) | U2

P

pacifiste Pazifist, der (-en) / Pazifistin, die (-nen) | U6
paraître erscheinen (ei-ie-ie) | U6
parler de qn / qc erzählen (von etwas / jemandem) | U6
part Anteil, der (-e) | U2
partager (se) teilen, sich | U5
parti Partei, die (-en) | U3
partie Teil, der / das (-e) | U1
partie de cartes Kartenspiel, das (-e) | U1
passé Vergangenheit, die | U3
passer (du temps) verbringen (Zeit) (i-a-a) | U5
passion Leidenschaft, die (-en) | U4
patin à roulettes Rollschuh, der (-e) | U6
pauvre arm | U4
pauvreté Armut, die (Sg.) | U3
payer zahlen | U3
pays natal Heimat, die (-en) | U5
pays voisin Nachbarland, das (¨-er) | U2
paysage Landschaft, die (-en) | U2
peinture Gemälde, das (-) / Malerei, die (-en) | U2 | U4
pensée Denken, das (Sg.) | U3
penseur / penseuse Denker, der (-) / Denkerin, die (-nen) | U3
perdre verlieren (ie-o-o) | U1
période artistique Kunstepoche, die (-n) | U2
période de la RDA DDR-Zeit, die | U3
période du Tournant Wende-Zeit, die | U3
période nazie Nazi-Zeit, die | U3
personnage Figur, die (-en) | U3
personnage de roman Romanfigur, die (-en) | U4
personnage principal Hauptfigur, die (-en) | U4
personne Person, die (-en) | U2
perspective Perspektive, die (-n) | U3
perturber stören | U6
petit/e klein | U4
Petit Chaperon rouge Rotkäppchen, das | U4
peu animé/e verschlafen | U6
peur (avoir peur) Angst, die (¨-e) (Angst haben) | U4
phénomène Phänomen, das (-e) | U1
philosophe Philosoph, der (-en) / Philosophin, die (-nen) | U3
pic Bergspitze, die (-n) | U4
pièce Raum, der (¨-e) | U2
pièce de théâtre Theaterstück, das (-e) | U3
place Platz, der (¨-e) | U3
plaisir Spaß, der (Sg.) (**bien s'amuser** Spaß haben) | U1
planification Planung, die (-en) | U3
planifier, prévoir planen | U3
plat Gericht, das (-e) | U5
plurilinguisme Mehrsprachigkeit, die (Sg.) | U2
poème Gedicht, das (-e) | U6
poésie Dichtung, die (-en) | U3
poète / poétesse Dichter, der (-) / Dichterin, die (-nen) | U3
point central Mittelpunkt, der (-e) | U3
point de vue Ansicht, die (-en) (**du point de vue (de)** aus der Sicht (von +D)) | U6
poisson Fisch, der (-e) | U1
polar Krimi, der (-s) | U1
polyglotte mehrsprachig | U2
populaire beliebt | U1
population Bevölkerung, die (-en) | U2
porter tragen (ä-u-a) | U1
possibilité Möglichkeit, der (-en) | U5
pouvoir Macht, die (Sg.) | U4
pratique praktisch | U2
précieux / précieuse kostbar | U3
premier rôle Hauptrolle, die (-n) | U6
prendre rendez-vous verabreden, sich (zu +D) | U5
prendre une part active à Anteil an (+D) haben | U2
présent Gegenwart, die (Sg.) | U3
présenter un avantage von Vorteil sein | U2
présenter un inconvénient von Nachteil sein | U2
préserver bewahren | U2
président/e de la république de Weimar Reichspräsident, der (-en) / Reichspräsidentin, die (-nen) | U3
primaire primär | U3
prise de conscience du passé Vergangenheitsbewältigung, die | U6
productif / productive produktiv | U3
produire erzeugen / produzieren | U1
produit Produkt, das (-e) | U2
produit d'origine animale Tierprodukt, das (-e) | U5
profiter de genießen (ie-o-o) | U5
projet Projekt, das (-e) | U5
projet d'habitation Wohnprojekt, das (-e) | U5
propre eigen | U2
prospérité Blütezeit, die (-en) | U3
provoquer verursachen | U3
pseudonyme Pseudonym, das (-e) | U6
public / publique öffentlich | U5
publier publizieren, veröffentlichen | U3

Q

quartier Quartier, das (-e) | U3
queue Schlange, die (-n) (im Supermarkt) | U3
quotidien Alltag, der (Sg.) | U2

R

raconter berichten | U6
randonnée Wanderung, die (-en) | U5
randonnée à vélo Fahrradtour, die (-en) | U5
rangé/e ordentlich | U2
rangement Aufräumaktion, die (-en) | U2
ranger auf|räumen | U2
rapporter berichten | U6
rassembler (se) versammeln (sich) | U3
rat de bibliothèque Leseratte, die (-n) | U4
reconstruction Wiederaufbau, der | U6
reconstruire rekonstruieren | U6
réformer reformieren | U3
refuge Zuflucht, die (Sg.) | U3
regarder an|sehen (sich) (+D) (ie-a-e) | U1
regarder la télévision fern|sehen (ie-a-e) | U1
régional/e regional | U1
regrouper vereinen | U1
réjouir (se) freuen, sich | U6
relier verbinden | U1
rencontrer treffen (i-a-o) | U1
renommée mondiale Weltruhm, der (Sg.) | U6
réparations Reparation, die (-en) | U3
repos Erholung, die (Sg.) | U5
reposant/e erholsam | U5
représenter stehen (für +A) (e-a-a) | U1
république de Weimar Weimarer Republik, die | U3
ressources (naturelles) (natürliche) Ressource, die (-n) | U2
restaurant Gaststätte, die (-n) / Restaurant, das (-s) | U5
restaurant étoilé Sterne-Restaurant, das (-s) | U5
résumé Zusammenfassung, die (-en) | U6
retournement Wendung, die (-en) | U4
retrouver (se) treffen, sich (zu +D) (i-a-o) | U1
réussir Erfolg haben | U1
rêve Traum, der (¨-e) | U4
réveillon de Noël Heiligabend, der | U6
Révolution pacifique friedliche Revolution, die | U3
révolutionnaire revolutionär | U2
révolutionner revolutionieren | U2
revue littéraire Literaturzeitschrift, die (-en) | U3
riche reich | U4
riche en aventures abenteuerlich | U4
roi / reine König, der (-e) / Königin, die (-nen) | U4
roman Roman, der (-e) | U3
romantique romantisch | U4
rond/e rund | U3
ruines, débris Ruine, die (-n) / Trümmer, die (Pl.) | U6

S

salle des professeurs Lehrerzimmer (-), das | U6
satisfait/e zufrieden | U4
scénariste Drehbuchautor, der (-en) / Drehbuchautorin, die (-nen) | U6
sculpture Skulptur, die (-en) | U2
secteur Bereich, der (-e), Branche, die (-n) | U2
semblable Mitmensch, der (-en) | U6
sensation Gefühl, das (-e) | U2
sensationnel/le sensationell | U2
sentiment Gefühl, das (-e) | U2
sentir (se) wohl fühlen, sich | U5
sentir bien (se) wohl fühlen, sich | U5
série policière Krimiserie, die (-n) | U1
seul/e allein, einsam | U5
siéger tagen | U3
signifier stehen (für +A) (e-a-a) | U1
silence Ruhe, die (Sg.) | U5
silhouette Silhouette, die (-n) | U6
singulier / singulière eigenartig | U2
situer (se) (dans / en / à) liegen, in (+D) (ie-a-e) | U2
snack-bar Imbissbude, die (-n) | U5
société Gesellschaft, die (-en) | U1
solidarité Solidarität, die (Sg.) | U1
sombre dunkel | U4
sorcière Hexe, die (-n) | U4
spécialité Spezialität, die (-en) | U5
sport populaire Volkssport, der (-e) | U1
style Design, das (-s) | U3
style Stil, der (-e) | U6
succès Erfolg, der (-e) | U1
sucrerie Süßigkeit, die (-en) | U2
sud Süden, der (Sg.) | U2
suisse-allemand Schweizerdeutsch, das (Sg.) | U2
super toll | U4
superbe wunderschön | U6
surprenant/e überraschend | U4
surréalisme Surrealismus, der (Sg.) | U2
surveiller bewachen | U4
suspect/e Verdächtige/-r, der / die | U1
symbole de réussite sociale Statussymbol, das (-e) | U5

T

tableau Gemälde, das (-) | U2
technique Technik, die | U3
témoignage Zeugnis, das (-se) (ein Zeugnis von etwas sein) | U3
témoin oculaire Augenzeuge, der (-n) / Augenzeugin, die (-nen) | U6
temps Zeit, die (Sg.) | U4
temps Wetter, das (Sg.) (**par tous les temps** bei jedem Wetter) | U1
temps modernes Moderne, die (Sg.) | U3
tête Kopf, der (¨-e) (**avoir qqch. en tête** etwas im Kopf haben) | U4
texte de présentation Klappentext, der (-e) | U6
touristique touristisch | U6
tout le monde jeder | U6
tradition Tradition, die (-en) | U1
traditionnel/le traditionell | U2
traduire übersetzen | U6
train Zug, der (¨-e) | U5
traiter de handeln (von +D) | U6
tramway Straßenbahn, die (-en) | U5
tranquilité Ruhe, die (Sg.) (**avoir la paix, être tranquille** seine Ruhe haben) | U5
transformation Wandel, der (Sg.) | U3
transformer verändern | U4
transports en commun öffentliche Verkehrsmittel, die (Pl.) | U5
travail obligatoire Zwangsarbeit, die (Sg.) | U3
travailler arbeiten | U6
trésor Goldschatz, der (¨-e) | U4
triste traurig | U4
Troisième Reich Dritte Reich, das | U3
typique typisch | U2

U

université Hochschule, die (-n) | U3
urbain/e urban | U3
utile nützlich | U1
utiliser benutzen | U5
utopie Utopie, die (-n) | U3

V

vallée Tal, das (¨-er) | U4
varié/e vielfältig | U2
végan vegan | U5
végétalien/ne Veganer, der (-) / Veganerin, die (-nen) | U5
végétarien/ne pflanzlich / vegetarisch / Vegetarier, der (-) / Vegetarierin, die (-nen) | U5
véhément/e vehement | U3
vélo Fahrrad, das (¨-er) | U5
vélo électrique E-Bike, das (-s) | U5
vénérable ehrwürdig | U6
viande Fleisch, das (Sg.) | U1
victime Opfer, das (-) | U1
vidéo Video, das (-s) | U4
vie Leben, das (-) | U3
vie associative Vereinsleben, das (Sg.) | U1
vie d'artiste Künstlerleben, das | U3
vieux / vieille alt | U4
vilain/e schlimm | U6
village Dorf, das (¨-er) | U6
ville Stadt, die (¨-e) | U6
ville natale Heimatstadt, die (¨-e) | U5
visage Gesicht, das (-er) | U5
visionnaire Visionär, der (-e) / Visionärin, die (-nen) | U3
visiter besuchen | U1
vivant/e lebendig | U3
vivre erleben (ein Abenteuer) | U4
voie Weg, der (-e) | U3
voiture (de tourisme) Auto, das (-s) / Wagen, der (-) / Personenkraftwagen, der (-) | U5
voter verabschieden (eine Verfassung) | U3

CRÉDITS PHOTOGRAPHIQUES ET ILLUSTRATIONS

Couverture

1 Holger Mette/iStock **2** Rudolf Ullrich/Fotolia **3** Katerinalin/Dreamstime **4** aprott/iStock

Sommaire

p. 4 *Schietwetter* © Oliver Wallbaum/www.illustratoon.de **p. 5** **1** michaeljung/AdobeStock **2** al1center/Fotolia **3** Album/akg-images **p. 7** **1** aus: Kuick/Karlsson, *Schreib! Schreib! Schreib!* © 2016 Beltz & Gelberg in der Verlagsgruppe Beltz · Weinheim Basel **2** Boarding1Now/iStock **3** © Atrium Verlag AG **4** Erich Kästner, Das verhexte Telefon © Atrium Verlag AG, Zürich 1935 Covermotiv und Illustrationen von Walter Trier

Unité 1

p. 8 **1** holgs/iStock **2** FatCamera/iStock **3** zukanowa13/iStock **4** Kzenon/Fotolia **5** 5woodgrey **p. 9** **1** Nikada/iStock **2** patrizia Tilly/Fotolia **3** ilbusca/iStock & monkeybusinessimages/iStock **4** 5woodgrey **p. 10** **1** Gina Sanders/Fotolia **2** Juanmonino/iStock **p. 11** © Laura Edelbacher: „Deutschlandkarte Tatort-Rekorde" aus ZEIT Magazin #47/2017 **p. 12** © Schwind' Agentur für Medienkommunikation/ Haus der Geschichte, Bonn **p. 13** **1** *Nachgefragt: So denkt Deutschland* © RTL, 2017 **2** LindaYolanda/iStock **p. 14** **1** golero/iStock **2** © Stadt Hannover **3** mh-fotos/iStock **4-7** monkeybusinessimages/iStock **p. 15** **1** karepa/Fotolia **2** *Grillen bei Regen* © Stefan Roth/roth-cartoons.de **3** *Schietwetter* © Oliver Wallbaum/www.illustratoon.de **p. 16** **1** Sezeryadigar/iStock **2** Mikhail Kokhanchikov/Dreamstime **p. 18** **1** Sezeryadigar/iStock **2** clubfoto/iStock **3** peder77/iStock **4** kyoshino/iStock **5** Martin Debus/Fotolia **p. 19** **1** adventtr/iStock **2** EdnaM/iStock **p. 20** michaeljung/AdobeStock **p. 21** **1** *Der Tausendste Tatort* © Markus Grolik/cartoongrolik.blogspot.de **2** *Berta, der Krimi geht los!* © Leichnam/toonpool.com **p. 22** **1** Sezeryadigar/iStock **2** Reimer/AdobeStock **p. 23** **1** FatCamera/iStock **2** karepa/Fotolia

Unité 2

p. 24 **1** baibaz/iStock **2** malerapaso/iStock **3** flavijus/iStock **4** Jaap2/iStock **5** Ramessos/Wikicommons **6** assalve/iStock **7** ekolara/iStock **p. 25** **1** Skystorm/iStock **2** sandsun/iStock **3** DieterMeyrl/iStock **4** Album/akg-images **5** *Dame Helvetia* © Lionel Codak Bourquin **6** ekolara/iStock **p. 26** **1-2** © 2015 EDA, PRS/Quellen (2014): Bundesamt für Landestopografie swisstopo **p. 27** **1** SensorSpot/iStock **2** © Bakara Music **3-4** © Maximilian Lederer **5** © Bakara Music **p. 28** **1** Mlenny/iStock **2** FramedPhotos/iStock **3** urbanbuzz/iStock **4** carlosalvarez/iStock **5** oneinchpunch/iStock **6** NoDerog/iStock **7** © Markus Bühler-Rasom/Ricola AG **p. 29** inventions-geneva.ch © 2018 **p. 30** **1** Testa Dada, Sophie Taeuber-Arp; Foto Sailko/Wikicommons (CC BY 3.0) **2** *Walking Male* © Alberto Giacometti, Adagp, Paris 2019 ; Foto Erich Lessing/Album **3** jeu/iStock **4** *Farbtafel*, Paul Klee; Kunstmuseum Basel **5** *Sophie Taeuber-Arp* by Nic Aluf **6** Jean Tinguely by Album/akg-images **7** Paul Klee by Alexander Eliasberg/Wikicommons **8** Alberto Giacometti by Album/Rue des Archives/Bridgeman Images/Rene Saint Paul **p. 31** **1** *Ursus Wehrli* by Geri Born **2** © post CH AG **3** goir/Fotolia **4** *Klees Farbtafel aufräumen*, Ursus Wehrli **5** *Ursus Wehrli* by Geri Born **p. 33** al1center/Fotolia **p. 34** **1** Creative-Touch/iStock **2** LvNL/iStock **p. 35** **1** goir/Fotolia **2** peopleImages/iStock **3** Aleutie/iStock **p. 36** **1** Mit freundlicher Genehmigung © 2014 DuO TV **2-6** Mit freundlicher Genehmigung © 2014 DuO TV **p. 37** pixabay **p. 38** **1** Fukurou/AdobeStock **2** Brad pict/AdobeStock **3** by-studio/AdobeStock

Unité 3

p. 40 **1** Jean-Jacques Cordier/AdobeStock **2** cityanimal/AdobeStock **3** © Stephan Consemüller, Klassik Stiftung Weimar/Bauhaus-Museum, Dauerleihgabe Privatbesitz, Berlin, mit freundlicher Genehmigung von Wulf Herzogenrath **4** Nikada/iStock **p. 41** **1** Album/akg-images **2** © Thüringer Ministerium für Wirtschaft, Wissenschaft und Digitale Gesellschaft 2018 **3** Nikada/iStock **p. 42** **1** Album/akg-images **2** goir/Fotolia **3** © Cross Media Redaktion **p. 43** **1-2** klerik78/iStock **3** Ausschnitt aus der Reihe deutsch interaktiv 12: *Johann Wolfgang Goethe I – Faust. Der Tragödie erster Teil.* Ein Film von: Cornelia Köhler. © 2018 Anne Roerkohl dokumentARfilm GmbH. Informationen unter: https://www.dokumentarfilm.com/johann-wolfgang-goethe-i **4** Album/akg-images **p. 44** **1v**© SPIEGEL GESCHICHTE 5/2014 **p. 45** **1v**© Neue Visionen Filmverleih **2** Album/Fine Art Images **3** Album/Granger, NYC **4** Album/akg-images © Walter Gropius, Adagp, Paris 2019 **5** laufer/AdobeStock **p. 46** **1** nikada/iStock **2** imago images/Karina Hessland **3** WikimediaCommons/Maike Schuck Weimar GmbH **4** WikimediaCommons/Inatron **5** imago images/epd **p. 47** **1** © Claus Bach **2** Increa/AdobeStock **3** © Thüringer Ministerium für Wirtschaft, Wissenschaft und Digitale Gesellschaft 2018**p. 49** **1** © Claus Bach **p. 50** **1** publicDomain **2** Nikada/iStock **3** Sir_Oliver/AdobeStock **p. 51** **1** SimpLine/AdobeStock **2** artrise/AdobeStock **p. 53** **1** Album/akg-images **p. 54** **1** Album/akg-images **2** clu/iStock **3** GeorgiosArt/iStock **4** hakinmhan/AdobeStock **p. 55** **1** Nikada/iStock

Unité 4

p. 56 **1** © Verlagsgruppe Random House GmbH **2** Alexander Zick/PublicDomain **3** © NEW LINE CINEMA / THE SAUL ZAENTZ COMPANY / WINGNUT FILMS / Album **4** © MOVING PICTURE COMPANY / Album **5** Album/akg-images **6** Tierney/AdobeStock **p. 57** **1** © HBO / Album **2** © Alex Alice / Splitter **3** Michael Ende: *Die unendliche Geschichte.* © 1979, 2019 von Thienemann in der Thienemann-Esslinger Verlag GmbH, Stuttgart **4** Tierney/AdobeStock **p. 58** **1** Mystic Art Design/Pixabay **2** Alexander Zick/PublicDomain **3** © HELVETIQ **p. 59** **1** © HELVETIQ **2** Ekaterina79/iStock **3** Album/akg-images **p. 60** **1** grafikplusfoto/Fotolia **2** © Thienemann-Esslinger Verlag GmbH **3** Ursula Poznanski, *Thalamus* © 2018 Loewe Verlag GmbH, Bindlach **4** grafikplusfoto/Fotolia **5** grafikplusfoto/Fotolia **6** Michael Ende: *Die unendliche Geschichte.* © 1979, 2019 von Thienemann in der Thienemann-Esslinger Verlag GmbH, Stuttgart **7** grafikplusfoto/Fotolia **8** © Dressler Verlag GmbH **9** CE_Artenex/Fotolia **p. 61** **1** Michael Ende: *Die unendliche Geschichte.* ©1979, 2019 von Thienemann in der Thienemann-Esslinger Verlag GmbH, Stuttgart **2** naumoid/iStock **p. 62** **1** © Dressler Verlag GmbH, Hamburg **2** © Dressler Verlag GmbH, Hamburg **3** © Dressler Verlag / Joerg Schwalfenberg **p. 63** **1** © BVR Bundesverband der deutschen Volksbanken und Raiffeisenbanken **2** © BVR Bundesverband der deutschen Volksbanken und Raiffeisenbanken **p. 65** **1** hatman12/iStock **p. 66** **1** Björn Wylezich/AdobeStock **2-3** leremy/iStock **4** scusi/AdobeStock **5** naumoid/iStock **6** Vivolweb/Dreamstime **p. 67** **1** Markus Bormann/AdobeStock **2** Oligo/AdobeStock **p. 68** **1** aus: Kuick/Karlsson, *Schreib! Schreib! Schreib!* © 2016 Beltz & Gelberg in der Verlagsgruppe Beltz · Weinheim Basel **p. 69** **1-2** aus: Kuick/Karlsson, *Schreib! Schreib! Schreib!* © 2016 Beltz & Gelberg in der Verlagsgruppe Beltz · Weinheim Basel **p. 70** **1** Sergio Martínez/AdobeStock **2** Ursula Poznanski, *Thalamus* © 2018 Loewe Verlag GmbH, Bindlach **3** © Dressler Verlag GmbH **4** © Thienemann-Esslinger Verlag GmbH **5** Michael Ende: *Die unendliche Geschichte.* © 1979, 2019 von Thienemann in der Thienemann-Esslinger Verlag GmbH, Stuttgart **p. 71** **1** andriano_cz/Fotolia **2** golden_leaf/AdobeStock **3** © BVR Bundesverband der deutschen Volksbanken und Raiffeisenbanken

Unité 5

p. 72 **1** J2R/iStock **2** ramino/iStock **3** Borisb17/iStock **4** ETIENJones/iStock **5** cyano66/iStock **6** Daniel Fleck/Fotolia **7** Nastco/iStock **p. 73** **1** cobalt/iStock **2** djama/Fotolia **3** DavidArnoldi/iStock **4** Martin Rettenberger/Fotolia **5** DieterMeyrl/iStock **6** Antonio Gravante/ Fotolia **7** anela47/Fotolia **8** Nastco/iStock **p. 74** Mit freundlicher Genehmigung © obs/ImmobilienScout 24 **p. 75** **1** contrastwerkstatt/ Fotolia **2** Mit freundlicher Genehmigung © 2016 Eberhard Karls Universität Tübingen **3** Mit freundlicher Unterstützung © 2016 Genís Panisello, Wohnen für Hilfe - AStA Hochschule Rhein-Waal **p. 76** **1** Genadijs Stirans/iStock **2** guenterguni/iStock **p. 77** **1** Fb78/Wikicommons **2** *Strongman Patrik Baboumian: Pflanzenfresser.* Mit freundlicher Genehmigung © 2011 Caroline Pitzke & Christine Fiedler für PETA **3** Jag_cz/iStock **p. 78** **1** Mit freundlicher Genehmigung © 2016 Bundesministerium für Umwelt, Naturschutz, Bau und Reaktorsicherheit (BMUB) und Umweltbundesamt (UBA) **2** *Geliebt. Gebraucht. Gehasst. Plakat zur Ausstellung* © 2017, Haus der Geschichte, Bonn **p. 79** **1** Mit freundlicher Genehmigung © 2015 Berliner Verkehrsbetriebe (BVG) **2** Mit freundlicher Genehmigung © Deutscher Wanderverband **3** © 2017 Max Semsch **4** Alexei Sysoev/ Fotolia **p. 81** guukaa/AdobeStock **p. 82** **1** KatarzynaBialasiewicz/iStock **2** golibo/iStock **3** Jag_cz/iStock **p. 83** **1** scanrail/iStock **2** Genadijs Stirans/iStock **p. 84** © Myo Design, Andreas Loechte **p. 85** © Myo Design, Andreas Loechte **p. 86** **1** nullplus/AdobeStock **2** Deam Mitchell/ iStock **p. 87** Boarding1Now/iStock

Unité 6

p. 88 **1** Erich Kästner Schule, Köln, http://www.ekg-koeln.de/ **2** Frank-Th. Bonnemeyer/WikimediaCommonsCC **3** Paulae/WikimediaCommonsCC **4** © Media Logistik GmbH **5** © Atrium Verlag AG **6** © Jana Müller-Heuser unter Verwendung von Fotos von Jörg Metzner, depositphotos und 501568921/Maxger/shutterstock.com **7** imago images/Bernd Friedel **8** (Hg) matdesign24/iStock **p. 89** **1** © Uschi Reich Filmproduktion GMBH **2** © Atrium Verlag AG, Zürich 2018. Covermotiv von Isabel Kreitz **3** © Oetinger Media GmbH **4** uskm/AdobeStock **5** Standbild Video © Videojournalist Marcus Mötz, Leipzig **6** (Hg) matdesign24/iStock **p. 90** **1** Album/akg-images **2** Album/akg-images **3** Standbild Video © Gebrüder Beetz, Lingua-Video.com, 2016 **p. 91** **1** © Atrium Verlag AG **2** © Atrium Verlag AG **3** © Atrium Verlag AG **p. 92** **1** © Atrium Verlag AG **2** Album/picture-alliance/dpa **p. 94** **1** Album/akg-images **2** Album/akg-images **p. 95** **1-3** © Dresden Marketing GmbH DML Lizenz **4** Standbild Video © Dresden Marketing GmbH DML Lizenz **5** netsign/AdobeStock **p. 98** **1** © Media Logistik GmbH **2** Ilmari Karonen/ WikimediaCommons **3** Album/akg-images **4** Atman/Dreamstime **5** Doloves/iStock **p. 99** **1** netsign/AdobeStock **2** eyetronic/AdobeStock **p. 100** **1-4** Erich Kästner, *Das verhexte Telefon* © Atrium Verlag AG, Zürich 1935. Covermotiv und Illustrationen von Walter Trier **p. 101** **1-3** Erich Kästner, *Das verhexte Telefon* © Atrium Verlag AG, Zürich 1935. Covermotiv und Illustrationen von Walter Trier **4** Album/akg-images **p. 102** **1** Marcel Wenk/AdobeStock **2** pikselstock/Fotolia **p. 103** **1** Ilmari Karonen/WikimediaCommons **2** © Atrium Verlag AG **3** Standbild Foto © Dresden Marketing GmbH DML Lizenz

Fiches d'AP

p. 104 fotomek/AdobeStock **p. 105** Simon/AdobeStock **p. 106** Robert Kneschke/AdobeStock **p. 107** Matthias Enter/AdobeStock **p. 108** **1** Marty Kropp/AdobeStock **2** Karl/AdobeStock **p. 109** Brad pict/AdobeStock

Précis de grammaire

p. 111 © Schwind' Agentur für Medienkommunikation/ Haus der Geschichte, Bonn **p. 112** numax3d/AdobeStock **p. 127** **1-3** Daniel Berkmann/ AdobeStock

CRÉDITS DES TEXTES AUTHENTIQUES

Unité 1 **p. 10** © Maris Hubschmid, Der Tagesspiegel, 13.10.2015 **p. 11** © Laura Edelbacher: „Deutschlandkarte Tatort-Rekorde“ aus ZEIT Magazin #47/2017 **p. 20** © Leonhard Thoma

Unité 2 **p. 26** © 2015 EDA, PRS/Quellen (2014): Bundesamt für Landestopografie swisstopo **p. 27** Nach: Nemo ist "SFR 3 Best Talent" 2017, SRF 3, 13. Feburar 2017 **p. 29** Nach: © News Schweizer Radio und Fernsehen, 17. April 2015

Unité 3 **p. 43** © Gregor Delvaux de Fenffe, Planetwissen **p. 52** © Friedrich von Schiller, *Der Handschuh*, 1798

Unité 4 **p. 58** Jacob und Wilhelm Grimm, *Kinder- und Hausmärchen*, Verlag von Otto Hendel, 1812 **p. 61** Michael Ende: *Die unendliche Geschichte.* © 1979, 2019 von Thienemann in der Thienemann-Esslinger Verlag GmbH, Stuttgart **p. 63** Mit freundlicher Genehmigung © obs / BVR Bundesverband der deutschen Volksbanken und Raiffeisenbanken **p. 68-69** aus: Kuick/Karlsson, *Schreib! Schreib! Schreib!* © 2016 Beltz & Gelberg in der Verlagsgruppe Beltz · Weinheim Basel

Unité 5 **p. 74** Mit freundlicher Genehmigung © obs / ImmobilienScout24 **p. 76** © Bundesministerium für Wirtschaft und Energie, www.make-it-in-germany.com, Abrufdatum 2017 **p. 77** © Aus: Risi, Armin & Zürrer, Ronald: „Vegetarisch leben -- Vorteile einer fleischlosen Ernährung“, 11. Auflage Januar 2015, © Govinda-Verlag GmbH. Der Abdruck erfolgt mit freundlicher Genehmigung des Govinda-Verlages. **p. 78** © Bundesministerium für Umwelt, Naturschutz, Bau und Reaktorsicherheit (BMUB) und Umweltbundesamt (UBA) **p. 84** Mit freundlicher Genehmigung www.deutschlanddeinegesichter.der / Fotos © Myo Design, Andreas Loechte

Unité 6 **p. 91** © Atrium Verlag AG, Zürich **p. 92** Erich Kästner, *Als ich ein kleiner Junge war* © Atrium Verlag AG, Zürich 1957 **p. 93** Erich Kästner, *Als ich ein kleiner Junge war* © Atrium Verlag AG, Zürich 1957 **p. 94** Erich Kästner, *Als ich ein kleiner Junge war* © Atrium Verlag AG, Zürich 1957 **p. 100-101** Erich Kästner, *Das verhexte Telefon* © Atrium Verlag AG, Zürich 1935 Covermotiv und Illustrationen von Walter Trier

éditions maison des langues
www.emdl.fr

MIXTE
Papier issu de sources responsables
FSC® C019520

Carte politique de l'Europe

Carte politique des pays germanophones